超麻辣
愛情心理測驗

Super Sharp Psychological Tests: About Love

Truth系列：02

超麻辣愛情心理測驗

編　　著　艾莉絲
出　　版　大拓文化事業有限公司
執 行 編 輯　林于婷
美 術 編 輯　翁敏貴

總 經 銷　永續圖書有限公司
劃 撥 帳 號　18669219
地　　址　22103 新北市汐止區大同路三段一九四號九樓之一
TEL　（〇二）八六四七－三六六三
FAX　（〇二）八六四七－三六六〇
E-mail　yungjiuh@ms45.hinet.net
網　　址　www.foreverbooks.com.tw

法 律 顧 問　方圓法律事務所　涂成樞律師

CVS代理　美璟文化有限公司
TEL　（〇二）二七二三－九九六八
FAX　（〇二）二七二三－九六六八

出 版 日 ◇ 二〇一三年十月
Printed in Taiwan, 2013 All Rights Reserved

國家圖書館出版品預行編目資料

超麻辣愛情心理測驗 / 艾莉絲編著.
-- 初版 -- 新北市：大拓文化, 民102.10
　　面；　公分. -- (Truth；2)
ISBN 978-986-5886-38-7(平裝)

1. 心理測驗

179.1　　　　　　　　　　　102015270

前言

　　愛情心理測驗，是一種簡單、好玩的遊戲。妙趣橫生的
題目，出人意料的答案，讓人百玩不厭，它給妳未卜先知的
魔力，幫妳找到事業、愛情的攻略方法。它讓妳更加地了解
自己，幫助自己收穫幸福的愛情。

　　當妳在感情裡搞不清楚自己的心理狀態時，或者常常想
知道異性朋友的心理時，就做做書裡的測試吧！

　　這種樂趣，只要是做過心理測驗的人一定都能體會。認
知自己，解讀別人，用最短的時間，得到最可靠的答案。

　　讓妳更加透澈地看清自己，進一步了解自己愛情的現在
和未來，走出愛情心理困境，積極地進行改變，進而把握自
己，掌握生活。

── 目錄 ──

Chapter 1   妳在異性眼中的魅力

Chapter 2　　妳的愛情致命弱點

Chapter 3　　他的心裡有沒有妳

Chapter 4　　戀愛時妳的模樣

Chapter 5　　妳未來的婚姻狀況

Chapter 1

妳在異性眼中的魅力

有些人總會感嘆身邊的朋友不少，但真正能擦出火花的異性沒有幾個，對自己有意思的異性也寥寥無幾。到底是自己的魅力不夠？還是他們有眼無珠？

Topic 01

妳吸引異性的神祕感

妳是一個怎樣的人呢？妳就是妳。可是，在不同的人眼中，卻有多個不同的妳。妳有沒有問過妳的異性朋友，在他們的眼中，妳是一個怎樣的人呢？

如果有一天，妳在家中忽然聽到一聲巨響，然後看見家中的落地玻璃窗破了一個大洞，妳想自己接著會看到什麼？

(A)一群小孩在逃跑

(B)一個男人望著妳傻笑

(C)一個女人拾起一塊石頭準備再擲一次

超麻辣！大剖析 Answers

A 妳是個相當有個性的人，在異性眼中，妳這種神祕感正是妳吸引人的地方。所以，對於部分較大膽及有行動力的男人，妳會是他們追求的目標。

B 男人眼中的妳非常有媽媽的味道，因此妳很能吸引有戀母情結的男人，妳的戀愛對象也會比妳年紀略小。同性之間，妳

也不改愛管閒事的本性，常常當別人的聽眾，並為別人打氣，因此人緣相當不錯。

C　妳是個心直口快的人，喜歡扮演大姐頭的角色，在同性間人氣不錯。可是在異性眼中，妳就不是那麼有吸引力了，主要是妳近似男人的個性讓他們退避三舍。妳還是要多注意自己的衣著打扮，多點女人味，少點男子氣概，桃花運才會變好。

Topic 02 妳骨子裡的妖精氣息

每個人的心裡其實都隱藏著一些妖精的特質，只是也許妳還沒有發現，那麼就來看看妳具有什麼樣的特質吧！

假設妳在人群中表演時，忽然有一隻手捏妳的屁股，妳的第一個反應是什麼？

(A)告訴身邊的人

(B)反捏回去

(C)賞他一巴掌

(D)用眼神瞪他或是言語諷刺

(E)只是覺得想哭或逃走

超麻辣！大剖析 Answers

A 妳屬於「百年白蛇精」型

妳的指數可達55%。其實妳是一個用情專一執著的人，一生只希望遇到一個愛自己的蜂蝶。

B 妳屬於「萬年老樹精」型

妳的指數可達99%。妳在感情的世界中是屬於輩分極高的姥姥級，妳希望自己能一手掌握蜂蝶的死活。

C 妳屬於「無法成精」型

妳的指數只有20%。妳其實是那種認命的人，因為妳是偶爾吸引到蜂蝶時，都還不自知的人。

D 妳屬於「千年狐狸精」型

妳的指數可達80%。嚴格來說妳是一個美麗的化身，很容易一個不小心就能吸引到成群的蜂蝶為妳起舞。

E 妳屬於「十年青蛇精」型

妳的指數可達40%。事實上妳只是一個功力不夠的小丫頭，想要招蜂引蝶卻常被蜜蜂蟄到頭。

測測妳的異性魅力

(1)妳旅行時，最想去哪個地方？

北京→(2)

東京→(3)

巴黎→(4)

(2)妳是否曾在觀看感人的電影時泣不成聲？

是→(4)

否→(3)

(3)如果妳的朋友約會時遲到一個小時還未出現，妳會——

再等30分鐘→(4)

立刻離開→(5)

一直等待朋友的出現→(6)

(4)妳喜歡自己一個人去看電影嗎？

是→(5)

不是→(6)

(5)當他在第一次約會時就要求吻妳，妳會——

拒絕→(6)

輕吻他的額頭→(7)

接受並吻他→(8)

(6)妳是個有幽默感的人嗎？

　　我想是吧→(7)

　　大概不是→(8)

(7)妳認為妳是個稱職的領導者嗎？

　　是→(9)

　　不是→(10)

(8)如果可以選擇的話，妳希望自己的性別是？

　　男性→(9)

　　女性→(10)

　　無所謂→(D)

(9)妳曾經同時擁有一個以上的戀人嗎？

　　是→(B)

　　不是→(A)

(10)妳認為自己聰明嗎？

　　是→(B)

　　不是→(C)

超麻辣！大剖析 Answers

A 妳對異性有很大的吸引力

在異性的眼中，妳有一種魅力。妳不只有美麗的外型，而且有幽默和大方的個性。妳應該是一個很有氣質的人而且深諳與人相處之道，妳很懂得支配妳的時間，所以妳很受異性的歡迎。

B 妳很容易便可以吸引異性

但是妳並不容易陷入愛情的陷阱。妳的幽默感使得人們樂於與妳相處，他與妳在一起時非常快樂！

C 妳並不能特別吸引異性

但是妳仍然有一些優點使異性喜歡跟妳在一起。妳應該是一個很真誠的人，而且對事物有獨特的眼光。在妳的朋友眼中，妳是一個很友善的人。

D 妳並不吸引異性

妳並沒有十分淵博的知識，也沒有什麼特別的人格特質。對異性來說，妳顯得過於粗俗，所以妳並不受異性的歡迎。

Topic 04

妳的人格魅力指數

妳的異性緣如何？妳能吸引異性的眼光嗎？妳靠什麼增添妳的魅力呢？是才華，是臉蛋，還是內涵？如果妳還不知道自己究竟有多大的魅力，趕緊做一下測試吧！

(1) 妳平常是否喜歡買名牌衣服？

是的，人要衣裝，佛要金裝→(2)

比較不會，家居生活，穿簡單一點就可以了→(3)

(2) 妳是否喜歡自己煮東西吃？

很喜歡，想吃什麼就吃什麼→(4)

我幾乎都是外食，直接解決，省掉麻煩→(5)

(3) 妳是否有事沒事就喜歡看書？

是，我常會買一些書來看→(6)

不是，我滿少看書的→(7)

(4) 妳是否喜歡布置自己的房間？

不太會，我比較懶，整齊就好了→(5)

會，我喜歡看起來很舒服的感覺→(8)

(5) 又傳出三角戀，這次的主角是妳喜歡的偶像，妳會──

很生氣，感嘆「為什麼主角不是我」→(8)

會生氣,以後在心裡跟他劃清界線,不再關心→(9)

(6)妳是否喜歡吃新奇、沒看過的食物?

會嘗試,反正別人吃了也都沒事→(5)

不敢,何必勉強自己去吃→(7)

(7)覺得自己什麼都不會?

不會,我會的東西還算滿多的→(10)

好像是,我對自己也比較沒自信→(D)

(8)假日到了,妳會想去什麼地方渡假?

人多的地方,比較好玩有意思→(A)

人少的地方,才不會壞了興致→(9)

(9)覺得自己也算是追星一族?

不會,欣賞歸欣賞,還不會那麼瘋→(B)

會啊,我會打聽他的行程跟著他跑→(C)

(10)請問妳擅長幾種語言?

除了國、台語外,還會英語、日語等等→(C)

兩種,國語跟台語→(D)

超麻辣!大剖析 Answers

A　妳是天生的魅力高手。舉手投足之間都散發出不凡的氣息，讓周遭的異性忍不住就為妳神魂顛倒。不過也別太過重視外表，而忽略了其他方面。

B　妳的異性緣也不少，加上妳本身也具備一些才藝，使得喜歡妳的人，很快就穩定下來，不容易變心，而這也是妳最感到自豪之處。只不過妳本身是發生移情別戀的高危險群，做人還是要專情一點，才不會有太多感情瓜葛。

C　妳是屬於內涵型的人物，也許一開始的機會不多，可是認識久了，還是會有一些欣賞妳的異性朋友肯為妳長期守候，甚至為妳而大打出手。妳的感情態度常舉棋不定，多次陷入三角戀愛的漩渦中。

D　妳對自己比較沒自信，也很重視朋友對妳的看法，久而久之，就變得很沒有個性跟主見，一切以別人的意見為意見。其實鐘鼎山林，各有天性，做個無憂無慮、自在的人，不失為好事一椿，相信總有人喜歡單純快樂的妳。

妳是哪種魅力女孩？

每個女孩的魅力都會有不同的表現形式。那麼，妳的美是屬於鄰家女孩，還是頂級大美女，還是小可愛，還是溫柔可人呢？

(1)進入新的一年了，妳最想添加的是什麼？

幾件新衣服或新包包→(2)

漂亮時尚的文具用品→(3)

(2)如果妳準備買件新T恤，會以什麼顏色為首選？

黑色或藍色系→(5)

白色或黃色系→(6)

(3)上班族每天都會用到辦公桌，妳最重視哪一點呢？

實用性和功能性→(5)

舒適程度→(4)

(4)閨房是屬於女孩子自己的私密空間，妳的房間通常是哪種狀態？

豐富多彩，什麼東西都有，有點凌亂的樣子→(9)

收拾得井井有條，不管任何東西都有固定的地方→(8)

(5)參加朋友聚會，妳的表現如何？

按時到達，寧願自己早到也不願讓其他人等自己→(4)

總是遲到，認為女孩子遲到是天經地義的事→(8)

(6)如果妳在學校餐廳吃飯的時候，發現菜裡面有一條煎熟的小蟲，妳會怎樣？

立刻覺得萬分噁心，大聲尖叫起來→(9)

什麼都不說，默默地把蟲夾起來扔掉，繼續吃飯→(7)

(7)妳和姊妹們的關係是哪一種？

對方很有主見，喜歡照顧妳，妳很依賴她→(8)

妳很有主見，事事強出頭，妳顯得像大姐大一樣→(1)

(8)妳對朋友有什麼不滿的話，會怎樣做呢？

把話憋在心裡，不願意把小事情搞到翻臉的地步→(9)

當面說出來，如果與對方發生爭執，很快就算了→(1)

(9)妳希望與男朋友第一次約會的地點在哪裡？

遊樂園或KTV→(12)

觀景餐廳或森林公園→(11)

(10)仔細想想，妳身邊的朋友都是些什麼類型的人？

很難說清楚，各種個性、環境的人都有→(A)

與妳個性相似，家庭條件也差不多→(C)

(11)商場正在辦換季大優惠活動，妳會有什麼反應？

機會難得，但不知道需要買什麼，先逛逛再說→(B)

趁此機會，一定要好好血拼一下→(C)

(12)如果妳的好朋友失戀了，妳會如何開導她呢？

陪在她身邊，數落對方的不是，幫好朋友出氣→(D)

給她時間療傷，儘量不去打擾她、刺激她→(B)

超麻辣！大剖析 Answers

A 純樸的鄰家女孩

妳不是愛出風頭的瘋丫頭，人群中總有一個不搶眼的小位置屬於妳，妳一向行事低調，不是十拿九穩的事，絕不會告訴身邊的朋友。如此含蓄的妳就像和藹又安靜的鄰家小女孩，總愛把自己的本色藏起來，別人必須跟妳長時間相處才能逐漸體會到妳的純樸魅力，妳並不期待奇妙的邂逅形式，妳認為那樣得來的感情不可靠。所以，妳的戀愛對象通常是自己認識很久的老朋友，多年的相處使得妳對他非常認同。

B 頂級大美女

妳天生就像發光的鑽石一樣，無論走到哪裡都很容易吸引眾人的目光。妳清楚自己的實力所在，也很了解自己的需要，妳對自己的人生充滿期待和自信，妳也是一塊很好的磁石，周遭優秀的人都會圍著妳轉，希望跟妳交往。妳在交友方面是有很多苛刻

的條件,能成為妳死黨的人並不多,但個個優秀。對於自己欣賞的異性,妳不會扭捏作態,妳會暗放愛的信號,如果彼此投緣,你們很快就可以步入甜蜜的戀愛軌道。

C 個性酷妹

妳是一個特立獨行的女孩,思想活絡,對各種流行資訊不乏關注。整體來說,無論是妳的思想還是打扮都走在別人前面,如果要妳扮演活動策劃者,妳會充分發揮自己的領導才能和搞怪本事,可以說,妳就是整個活動的亮點,妳不屑於他人的評價,想到什麼就會去實踐,是為自己而活的人。妳那率真又酷的性格是吸引異性的魅力所在,妳喜歡跟聰明又有頭腦的異性交往,很難忍受話題單一乏味的對象。

D 溫柔可人兒

溫婉如水的妳充滿女性的柔美特質,無論是眉目之間還是舉手投足之間,都有一種說不出的溫柔。妳的一個眼神、一個微笑就足以征服身邊的異性!可以說,妳的美盡在不言中,熟悉妳的人對妳的善良和包容更是深有感觸。妳對戀愛充滿期待,對戀愛對象沒有特別的條件限制,投緣與完美與否要看妳當時對對方的感覺了,只要心動,這個人就會深植在妳心裡!

妳的勾魂魅力有多大？

(1) 如果妳是殺人犯，最想殺誰？

曾欺騙妳的人→(3)

曾陷害妳的人→(2)

(2) 如果妳想裸體出現在大家面前，會在哪裡？

海邊→(4)

大飯店→(5)

(3) 如果妳是演員，妳想演什麼？

神經病→(5)

有錢人→(6)

(4) 如果妳是個商人，妳想賣什麼？

食物→(7)

電腦→(5)

(5) 如果妳有一億元，會怎麼花？

買個島→(8)

帶親朋好友去環遊世界→(7)

(6) 如果妳明天會死，今天會想做什麼？

和父母聊天→(5)

和戀人擁抱→(8)

(7)如果妳是個建築師,會想蓋一座什麼建築?

世界最大的醫院→(9)

世界最精緻的博物館→(11)

(8)如果妳會魔法,希望做什麼?

讓世界和平→(10)

讓自己變有錢→(11)

(9)如果妳是農夫,最想種什麼?

水果→(12)

稻米→(13)

(10)如果妳想揚名世界,會用什麼方式?

競選總統→(14)

潛入白宮→(13)

(11)如果妳可以和卡通人物說話,妳會選誰?

哆啦(A)夢→(14)

鹹蛋超人→(15)

(12)如果妳可以拍廣告,會想替哪種產品代言?

汽車→(16)

房屋→(17)

(13)如果妳是天使,妳希望做什麼?

幫助受虐兒→(18)

幫忙無依靠的老人→(17)

(14)如果妳是理財專家希望自己一年獲利目標是多少？

500萬美金→(18)

1000萬美金→(19)

(15)如果妳想移民，最想去哪裡？

歐洲→(19)

亞洲→(20)

(16)如果妳是電腦工程師最想要什麼程式？

全世界最大的資料中心→(A)

全世界最精密計算公式→(17)

(17)如果妳是服裝設計師，妳最希望是——

擁有品牌，大量生產→(A)

手工製造，獨一無二→(B)

(18)如果妳是記者最想採訪誰？

(A)史瓦辛格→(B)

(B)法國總統→(C)

(19)如果妳是一隻動物，希望當——

(A)小鳥→(D)

(B)恐龍→(C)

(20)如果妳是富翁，最想做的是什麼？

(A)賺更多錢→(D)

(B)醉生夢死→(19)

超麻辣！大剖析 Answers

A 妳的勾魂魅力在於妳的表情擅長利用迷人的眼神和性感的雙唇來誘惑異性，極有勾引異性天分，不乏追求者，是名戀愛高手。

B 妳的勾魂魅力屬於知性內斂，對方需要和妳相處一段時間才能慢慢發覺妳獨特的魅力，雖然不是天雷勾動地火，但對方只要對妳著迷就很難離開了。

C 妳的勾魂魅力在於欲言又止，半推半就間和對方一來一往的過程中，不斷醞釀愛的情愫，其實對方心知肚明，但是如果能把愛情能量炒到最高點，結果會令人滿意。

D 妳的勾魂魅力在於身材和肢體語言，遇到喜歡的對象會拍拍對方肩膀、摸摸對方的頭、輕拍他的臉頰等親暱動作向對方示好，不避諱肌膚之親，很容易讓對方有感覺。

Topic 07　妳的魅力指數多高？

妳喜歡穿裙子嗎？喜歡穿什麼樣的裙子？我們可以從妳的選擇中判斷出妳的魅力指數是多少，並且推測出妳屬於哪種魅力。所以，趕快試試吧！

在妳的衣櫃裡，哪一種樣式的裙子占最多呢？

(A) 迷妳裙

(B) 百褶裙

(C) 緊身裙

(D) 長裙

超麻辣！大剖析 Answers

A　純情百合型，魅力指數70分

喜歡穿迷妳裙的妳，介於少女和熟女之間，具有純情又性感的魅力，是那種會讓男人心癢癢的女人，想抓卻抓不住。

B　羞怯性感型，魅力指數50分

行事作風中規中矩的妳，有種溫柔和善解人意的氣質。其

實，若能拋開拘謹，妳也能很性感，百褶裙正吐露妳羞怯的性感。

C 性感野貓型，魅力指數90分

妳認為女性身體的線條最美，所以喜歡穿能完全展現身體線條的緊身裙，理直氣壯展露自己的性感，許多男人因此被妳吸引。

D 暗淡無光型，魅力指數30分

妳害怕在人群中凸顯自我，或許妳是擔憂蘿蔔腿曝光，或擔心臀部太大。妳覺得自己是性感的絕緣體，但是又想讓男人別忽略妳的女性角色，所以選擇穿長裙。

Topic 08　妳在男性心中的魅力

　　妳知道妳的戀人為什麼會選擇和妳共度一生嗎？妳是以女強人的身分被男人崇拜？還是以自己具備的沉穩女人味虜獲了他？妳想知道是什麼吸引了妳的戀人嗎？

　　妳帶上了妳所有的零用錢去逛街。那麼，妳會購買下列哪種物品呢？

　　(A)羊毛衫和飾品

　　(B)裙子和配套的帽子

　　(C)銀戒指

　　(D)皮包和腰帶

超麻辣！大剖析 Answers

　　A　妳的魅力主要在於善良的心。男性都會注意妳的親切與和善。無論何時都保持妳的笑容會永遠鎖住妳的魅力。

　　B　妳的魅力主要在於平淡的語調。其實滔滔不絕未必能贏得好感，如果在講話中加入笑話和幽默作為調料，勢必會聚集更

多的人氣。

C 妳看起來沉靜而又穩重。男性在看到妳後，總會產生「又酷又有味道」的感覺。放鬆妳的雙肩，昂起頭，信心十足地邁出妳的步伐吧，妳會令自己平添幾分風韻。

D 許多男性被女性的好強可靠所吸引。因為好強的女性給人做事一絲不苟、滴水不漏的印象。可是，千萬不要任何時候都呈現好強的樣子，發揮女性的嫵媚，依靠在他的肩上或抓住時機地撒嬌，都會給你們的感情帶來無窮的韻味。

Topic 09 妳為什麼讓異性著迷？

要讓別人了解妳，首先要先了解自己；要讓別人被妳吸引，首先要知道自己吸引別人的武器。這樣才能運籌帷幄，戰無不勝，縱橫情場。

尋找一個最符合自己性格特點的形容詞：

(A)暴躁→(4)

(B)果斷→(3)

(C)單純→(1)

(D)成熟→(2)

(E)奇怪→(1)

(F)溫柔→(3)

(1)如果看到戀人與一個自己不認識的女性行為很親密，妳想弄清楚那個人是誰嗎？

想→(3)

不想→(2)

(2)如果妳發現自己的戀人嚴重觸犯法律，妳會——

幫助戀人躲藏→(5)

立刻報警→(6)

(3)妳喜歡流浪的感覺,還是安逸的感覺?

流浪→(5)

安逸→(4)

(4)「此情可待成追憶,只是當時已惘然」妳喜歡這句唐詩嗎?

還好,沒什麼強烈感覺→(6)

喜歡,覺得是唐詩中的精品→(7)

(5)妳平常有記帳的習慣嗎?

從不→(7)

有→(11)

(6)妳更喜歡下面哪種人?

儒雅紳士→(7)

英雄好漢→(8)

(7)如果在路邊看到一個迷路的小孩,妳會——

當作沒看見→(8)

上前去幫助→(10)

(8)妳喜歡對別人發號施令嗎?

不喜歡→(10)

喜歡→(9)

(9)下面兩位明星,妳更喜歡哪一位?

林青霞→(B)

張曼玉→(12)

(10)如果一個漂亮的女生説自己漂亮，妳會——

認為她很膚淺→(C)

覺得有優點就應該秀出來→(11)

(11)妳是不是一個念舊的人？

是→(D)

不是→(12)

(12)妳喜歡傳統保守的人嗎？

喜歡→(E)

不喜歡→(13)

(13)妳認為婚姻品質重要還是婚姻壽命重要？

婚姻壽命→(E)

婚姻品質→(A)

超麻辣！大剖析 Answers

A 笑容

《蒙娜麗莎》之所以名垂千古，不是因為她的美貌，而是因為她的笑容。有些人美好的笑容往往可以在第一時間抓住異性的

心，讓他們在自己隨意的一個表情中傾倒。無論是親和力還是別的化學元素，如果一個人可以用笑容綻放自己的魅力，那麼這個人無疑是幸運的，因為這種魅力幾乎是與生俱來的。恭喜妳，妳就是這樣的幸運兒！

B 談吐

如果妳想一次出擊就虜獲異性的心，那麼一定要努力和他交談，一旦他發現妳的非凡談吐，他便是妳的囊中之物了。也許，妳並不是口若懸河的雄辯家，甚至認為自己口才不佳，但是妳的談吐方式卻非常適合吸引異性，這就是愛情的玄妙之處，不一定最好才是最適合，但是最適合才是最好。只要和心儀的人閒聊數句，妳就很容易成為愛情的勝利者，交談中的妳是如此可愛。

C 眼淚

眼淚不一定是弱者的代名詞，也不一定表示妳注定失敗，相反，在妳的愛情中，它是一個非常重要的致命武器，有著極強的殺傷力，無論男生還是女生都可以運用。淚水從妳眼中掉落的一刹那，充滿了純粹的純淨或者濃厚的仁慈，讓看到的人無不動容，於是妳的淚水就劃過了他的心臟，變成了他永不磨滅的印象。這樣的衝擊力，是每一個有情之人無法抗拒的，就像總是流

行的瓊瑤劇一樣，其實吸引人的就是那幾滴眼淚。

D 舉止

妳打字時跳動的手指，妳翻閱書籍時輕快的手臂，妳在運動場上奔跑的姿態，妳旋轉時留下的弧度，都是一幕幕無懈可擊的風景。即使異性只用剪影的狀態觀察妳，他也會因此而愛上妳，因為妳的舉止就是妳吸引異性的致命武器。所以，在約會時，如果妳為了表現優雅和矜持像木偶一樣僵坐著，一動也不動，那麼妳的愛情幾乎是戛然而止。只有放鬆，隨意表現自己的舉止，妳才能擁有至高無上的吸引力。

E 愛心

也許妳的武器有些抽象，因為這畢竟處在精神層面，但是一旦讓異性感受到了，便是一種持久的印象。也就是說，這種武器的殺傷力是最難以抵禦的，因為它也是最真實的。沒有人可以假裝善良，或者虛幻地捧著一顆愛心，所以妳的武器幾乎可以說是強烈地生長在妳的生命中，而妳需要的只是讓別人了解。其實，就算妳是一個根本沒有表現慾的人也沒有關係，因為來日方長，愛心是包不住的，而他會因此無可救藥地愛上妳。

Topic
10

妳讓異性心動嗎？

有的女孩一出場就受萬眾矚目，成為異性的焦點，吸引異性的目光，而有的女孩卻不能。其實，大家都很希望自己能讓異性心動，讓異性的目光盯在自己身上，這種感覺會讓人有一種成就感。從妳的潛意識來測驗妳是否有讓異性心動的本事吧！

情人節那天，戀人向妳示愛，哪種方法會讓妳最開心？

(A)租直升機掛布條秀出「我愛妳」

(B)在101層高樓上放煙火秀出「我愛妳」

(C)租下大樓看板秀出「我愛妳」

超麻辣！大剖析
Answers

A 妳沒有讓異性心動的能力

個性大而化之的妳，異性跟妳相處就像哥們兒般自在，心動這件事情壓根就沒有想過。這類型的人很中性化，跟異性以及同性相處都是一視同仁，久了之後異性根本就不會有心動的感覺。

B 妳有讓異性心動的本事

天生就具有媚惑異性本領的妳，舉手投足之間都流露出萬種風情，就算不說話也可以讓異性心動。這類型的人魅力天成，光是不講話坐著就自然成為發電機，異性看到不但心動而且想馬上採取行動來追求妳。

C 妳有讓異性心動的心機

腦袋靈光的妳很清楚怎麼去吸引異性，曖昧的言語加上不經意的肢體動作，要異性不對妳心動也難。這類型的人有很多策略以及計謀，早就在腦海中演練幾百遍了，當心儀的異性出現時會幫他按摩一下或者幫他撥頭髮，讓異性有貼心又窩心的感覺，自然而然就會有近一步接觸的想法。

妳在他眼中的輕浮指數

妳是一個非常活潑開朗的女孩嗎？雖然活潑沒有什麼不好，不過如果有時候過於熱情，很可能會帶給異性輕浮的印象！趕快測試一下，看看異性會用什麼眼光來看妳。

如果妳是恐龍妹，妳會接受什麼方式找到自己的戀人？

(A)找比自己更醜的男友

(B)夜店灌醉異性搞一夜情

(C)上聊天室釣凱子

超麻辣！大剖析 ──Answers

A 異性眼中的妳一點都不輕浮

個性滿沉穩的妳言行舉止會儘量克制自己，除了工作需要或是玩樂時要配合大家才會誇張一點。這類型的人內心非常沉穩老成，外在的表現也非常有風度，即使再開心或者再難過都還是會保持穩重的舉止。

B 異性眼中的妳有一點輕浮

只要遇到讓妳心動的異性，妳就會不自覺地活潑起來，跟平常保守低調的個性不一樣，容易讓異性誤解妳有點輕浮。這類型的人平常很保守、內斂，有自己的說話以及應對方式，碰到不喜歡的異性會保持適當的距離，不過只要碰到讓自己心動的對象就會不自覺的開心活潑起來。

C 異性眼中的妳相當輕浮

遇到異性就像一隻活跳蝦的妳，嘴巴甜死人不償命，忍不住就手舞足蹈停不下來，讓異性幾乎受不了。這類型的人很主動熱情，異性跟妳相處時會非常愉快自在，不過有些本性較保守的異性就會有點受不了了。

Topic
12

妳哪裡最吸引異性？

有的男人因為對方性感而喜歡，有的男人因為對方能夠欣賞自己而喜歡，有的男人因為對方工作能力強而喜歡，有的男人因為對方單純而喜歡，有的男人因為對方能給自己安全感而喜歡……身為女人，妳想知道對方是因為什麼而被妳吸引嗎？

當妳跟剛分手幾天的戀人見面，他卻不小心說溜了嘴，表示自己已經有了新歡，妳第一反應會是——

(A) 把他臭罵一頓

(B) 轉頭就走，不理會

(C) 追問新歡到底是誰

(D) 心痛難過，很想哭

(E) 問他為什麼要這樣對妳

超麻辣！大剖析
Answers

　A　妳是異性眼中的性感尤物，對異性有致命的吸引力。這類型的人一旦愛上很有占有慾，想要100%地擁有對方，而且會用不同的方式來愛他，會讓異性非常心動。

妳懂得欣賞對方優點，讓對方很感動。這類型的人滿有女人味的，儘管有些大女人主義，可是還懂得欣賞對方，會發覺他的優點，並適度地讚美他，對方會覺得很開心。

B 妳很會賺錢，是一個人見人愛的提款機。這類型的人平常在工作上就是企圖心十足，而且不喜歡輸，因此能在工作上贏得非常好的口碑，賺錢能力非常好，是讓異性心動的有錢人。

C 妳看起來乖巧、單純又惹人憐愛。這類型的人真的非常善良，一旦談戀愛就會抱著犧牲的心情，以對方為主，因此在相處時常會忘了自己的存在，這種全心全意的對待會讓對方很感動。

D 妳傳統、有責任感，能讓人有安全感。這類型的人對愛非常執著，當愛上一個人時，會將所有感情放在這個人身上，並且會計劃未來，因此也會非常認命，很包容對方。

Topic 13 妳吸引異性的指數

妳是萬眾矚目的女王嗎？妳是異性眼中的魅力女神嗎？妳到底有多大的魅力吸引異性呢？如果想知道，就做下面的測試吧！

週末，妳身著休閒T恤、牛仔褲，趕往和男友見面的地點。途中，妳突然內急想上廁所，還好路邊的麥當勞就有洗手間，妳匆忙走進去，但不巧的是有很多人在排隊等待。約會的時間就要到了，妳決定到男廁所碰碰運氣。然而當妳走進去的時候，廁所裡剛好有數名男性，他們都被突然闖入的妳嚇了一跳。面對如此狀況，妳會說什麼——

(A)「咦？不會吧！這裡是男廁所？」

(B)「呃，對不起，女廁出現故障，我可以借用一下嗎？」

(C)「哦，不要誤會，我和你們一樣是男生……」

(D)「啊，哦……我是廁所清潔人員！」

(E)「剛剛我的小狗跑丟了，牠有進來這裡嗎？」

超麻辣！大剖析 Answers

A 只為異性散發無窮魅力的多面夏娃

「假裝不知道」的謊言，表示平日的妳應該是異性眼中有吸引力、魅力四射的女人。妳很會表達自己的魅力語言，時而嬌豔，時而優雅，對於任何渴望的事情都會以耐心、理智來獲得。一旦自己穿梭在異性的視線中，會極為注意保持設計好的形象——集美麗、嬌媚、智慧於一身。無論從哪個角度看，妳都是一幅賞心悅目的風景。知道如何珍惜自己的資本、如何在與異性的交往中迴避危險，巧妙地利用與生俱來的天資、氣質，並發揮聰明才智讓自己在現實生活中無往不利。然而，當妳置身於彼此熟悉的女性好友中時，那些刻意營造出的動人氣質、令人迷惑的優雅會消失得無影無蹤！直率、無所謂、不在乎又成了妳的另一張面孔，情緒所至還會說出一些「胡言亂語」，讓在場的人詫異不已。可是，一旦有男性出現，妳馬上變得安靜溫和。巨大的反差常常讓身邊女性朋友瞠目結舌，她們不知道哪一個才是真實的妳，本能的厭惡、嫉妒、反感情緒會油然而生。

可能在妳未察覺的情況下，他人已經了解了面具下真實的妳，明顯而公開地情緒轉變，只會讓人感到虛假和偽裝。一個真正有吸引力、魅力十足的女人，她內在優美的氣質不僅可以令異性動情，同樣也可以令女性傾心。

B 超級吸引異性，與魅力零距離的時尚女郎

雖然是謊言，仍然直接表達了自己的要求，如果是男性有誰能拒絕呢？妳外在的氣質、裝扮永遠像一束明亮的光，吸引著異性的視線。妳相信女性的優雅、美麗就是自身最有力的武器，也是充分施展個性魅力的前提。因此，時尚與流行、化妝和衣著，在妳的生活中占了很大比重。妳生來好像就是為了展現藝術天分、美感品味及追求精緻生活的，所以喜歡在精神上及物質上保持舒適、輕鬆，絕對不願把自己丟進一場未知的角逐之中，導致心理和生理均筋疲力盡。妳對公眾生活感興趣，並渴望在其中扮演一個角色。魅力、雅致是妳不可分割的部分，理所當然，妳對於異性一直保持著相當大的吸引力。社交場合中，妳所表現出整合得很好的「美麗脫俗、高雅智慧、賢淑大方」，往往會給異性留下深刻的印象。

然而，過分的修飾，卻向他人暴露了妳的不安全感，這也是妳內心虛弱的表現。與妳光彩照人的外表相比，妳的內涵中似乎尚缺乏女性應有的纖細、認真。當男性長時間與妳接觸、解讀妳的時候，可能有些人會因此而感到失望。

C 與異性有緣相識卻不吸引人的「另類」女性

妳的謊言足夠大膽！在異性的眼中，妳不夠有魅力，吸引力

自然也就無從談起了。在職場、日常人際交往中，妳更願意將自己擺在中性的位置上。注重承諾、體恤弱者，甚至有時還帶有男性的性格色彩——重義氣、喜歡伸張正義。尤其是在工作中，異性同事很難將妳看成具有纖細柔弱特徵的女性，更多的感覺是精明、大器、獨當一面的管理者，敬業的工作夥伴。由於妳的性情開朗、爽快，不論什麼樣的人都願意接納、包容，因此妳的人脈關係寬廣。有趣的是，雖然在異性眼中妳的吸引力不高，但在同性中妳卻具有超人氣的魅力指數！純樸、厚道，不拘泥於小事的淡泊性格，使妳擁有很多好友，她們感覺與妳相處毫無壓力，甚至可以說是一件輕鬆愉悅的事情。可能正是妳這種不拘小節、寬容的個性，使很多情感細膩、自尊心很強的女性視妳為安全、可信賴的港灣。

面對異性時，妳依舊是勇於承擔一切，獨立自主的「另類」女性，即使與很多合得來的異性成為知心朋友，但當妳期待像多數人那樣——從友情發展為愛情卻不太可能，這也是妳個性表露上的一個難處。遇到自己喜歡的男性時，妳試過展示自己柔和、溫暖的一面嗎？即使再堅強的心靈也需要他人的呵護，不是嗎？

D 值得信賴、慢慢品味，具有傳統內涵的東方女性

妳的美在異性眼中留下的並非驚豔的印象，妳認為令人驚

豔的女人往往會使人失望，妳的美要多接觸幾次才能慢慢發現。
妳評價自己是屬於那種看上去比較舒服的類型，自己舒服也令別
人舒服。與異性交往的過程中，妳內斂、安靜，甚至有些平凡，
然而在平實的背後，隱藏著令人吃驚的「魅力」。如果有機會展
示妳出眾的烹飪才華、精緻的裁縫技巧，簡直會令周圍的人大吃
一驚。生活中可以用勤勞、親切來形容妳，在異性眼裡妳的吸引
力來自女性的傳統內涵，具有典型的東方女性魅力。妳不華麗，
但絕對古典；不張揚，卻適合家庭。這種魅力，同性之間難以解
讀，但常常令與妳長期接觸的異性心馳神往。誠實、沉穩的妳帶
給對方的永遠是安全感，讓男性感到妳是可以終生信賴的伴侶。

　　也許在妳的生活觀念中，作為女性不必過度拘泥於外表的修
飾，不施粉黛的臉表現出的是獨特的信心，不化妝的眼神會更坦
率。然而，當妳留給他人的第一印象是不修邊幅，甚至有些邋遢
時，妳是否也感覺有點失望呢？懂得體會生活，雖然不需要多深
入，但生活的美好是凝聚在細節中，是一種不被人注意的感動。

E　異性眼中的柔弱女孩，自控面具後的激情女子

　　妳的謊言確實很可愛，可惜沒能表達出自己的想法。在熟
識的異性面前，妳願意展示自己楚楚動人、柔弱的那份氣質。純
美、溫柔、善良，柔情似水的眼神加上適時地發一次小脾氣，這

就是嬌小玲瓏的妳讓眾多異性又愛又憐的魅力！

　　表面上妳喜歡在安全的環境中撒嬌，似乎還很容易受傷，如此柔弱常令一些男性產生英雄救美之心。但是在陌生的社交活動中，妳卻會理智地保持老實、安靜和沉默寡言，從不輕易發表自己的立場，強烈地控制著自己內心的情緒，人們很難從妳的表情中分辨出妳是喜悅還是無奈，魅力可能就是在這種控制中消失，使得異性的目光難以在妳身邊停留。不同的情景下，異性可能會看到兩種特質的妳——堅硬與柔軟、冷漠與柔情。

　　其實自我掌控的面具背後，隱藏著妳內心中的各種激情和衝突——妳不停地在追求自己理想中的男性，從經濟、地位、精神上都能給妳依靠的人，期待他的成熟穩健能緩衝妳內心的各種焦慮、不安，卻又害怕那是可望而不可及的。

　　事實上，一切嚴重的束縛都透視著自身的軟弱，當這些不安定的心理一一顯現時，妳心中那部分所謂自衛防禦性的敏感會不自覺地走向沮喪、孤傲。其實，當妳能善待自己、愛惜自己時，妳顯露的魅力就是最獨特的！

Topic 14 男人最愛妳哪一點？

任何愛情的產生都是有原因的。當兩個人相愛的時候，一定是我們身上的某一些特點吸引了對方。

假設妳的出軌又被發現了，他不但原諒妳還希望妳留下來，妳覺得他在想什麼呢？

(A)他是真的愛我

(B)他是為了家庭跟孩子

(C)不知道他在打什麼壞主意

超麻辣！大剖析 Answers

A 妳的獨門上床技巧，讓另外一半離不開妳

他是真的愛床上的妳，也許妳不知道。但正因為和妳在床上的和諧感覺，就像一種無形的力量，早就已經把他駕馭得服服貼貼了，就算他曾經想過離開，恐怕也沒那麼容易做出決定。

B 一直以來的任勞任怨讓另一半捨不得離開

妳通常愛家又顧家，屬於居家型的賢妻良母，對家人照顧得

無微不至，會讓另一半無後顧之憂，所以他根本離不開妳。

C 平日的駕馭奇招讓另外一半離不開

這種人因為深愛自己的另一半，會利用各式各樣的方法去愛對方，也許現在另外一半還沒有感覺到，但是早已習慣被套牢而無法自拔了，怎麼捨得離開！

在他眼裡妳的模樣

　　妳在戀人的心目中是個怎樣的人呢？也許妳曾無數次地問過對方，但他總是敷衍了事地回答妳，或者根本不回答。如果妳曾被拒絕回答此問題，做下面的測試同樣可以測試出來。

　　請看看妳的手，做個有趣的想像，假設妳的雙手能施展出神奇的魔法，妳會變出什麼呢？

　　(A)變出一群雪白的飛鴿，讓牠們在空中輕盈地飛舞。

　　(B)變出黃澄澄的金子，堆得像小山一樣。

　　(C)讓自己的身體分割，然後又重新組合在一起。

超麻辣！大剖析 Answers

A 溫和且有主宰權

　　妳在戀人的心目中，是個溫柔體貼的人，妳很懂得照顧他，使他過得舒適安逸。但是妳也有剛強的一面，遇到重大的事情時，必須由妳來做決定，所以妳在他眼中是個強人。

B 注重物質生活

妳和戀人在一起，很注重衣食住行的問題，妳希望擁有高級的生活標準，因此常和他討論賺錢的方法。在妳的觀念中，金錢是創造幸福與浪漫的基礎。

C 常常壓抑自己

無論妳對戀人有什麼不滿或委屈，總是默默藏在心裡，不肯說出來，因此戀人很難了解妳的想法，妳是個壓抑自己感情的人。但是這使妳對於他來說更具有神祕感。

妳是男生眼中的嬌嬌女嗎？

有的女生是嬌嬌女，而有的女生是男人婆。不管是哪種，總會有男生愛她們，俗話說：「蘿蔔白菜各有所愛」，有的男生就喜歡呵護照顧人，而有的男生卻喜歡讓自己放心的人。

妳想知道自己在男生眼裡是什麼樣的人嗎？

如果有人叫妳怪怪美少女，妳覺得自己哪裡最怪？

(A)長相外貌

(B)個性脾氣

(C)全部都很怪

超麻辣！大剖析 Answers

A 男生跟妳相處很自在，不必為了伺候妳或是呵護妳而傷腦筋。這類型的人大而化之，在性格特質中有男生性格，要哭就哭，要笑就笑，完全不做作。男生跟妳相處很自然，你們就像好哥們。

B 妳認為女生生來就是要被人疼的，所以凡事都要別人順

著妳的意思。這類型的人覺得溫柔撒嬌比硬碰硬或吵得臉紅脖子粗得到的更多，反而讓男生覺得妳很可愛，像個小女孩一樣，很想呵護妳。

C　妳就像溫室裡的花朵，風太大就會把妳吹倒似地，無法承受任何打擊。這類型的人內心深處很脆弱需要被呵護，是個小女生，非常嬌柔，需要男生好好地保護、照顧。

另一半為什麼想分手

妳是戀人心中的那個人嗎？戀人會一輩子愛妳、不拋棄妳嗎？妳認為他當然不會拋棄妳，但也許現在妳的戀人正覺得和妳難以相處，進而考慮分手。如果真的如此，妳想知道另一半為什麼會覺得和妳難以相處嗎？。

假期中，另一半卻因工作關係，不能相伴，妳唯有自行逛街消磨時間。閒逛期間，妳會有什麼舉動呢？

(A) 一停下來，便不斷地打電話給他。

(B) 偶爾發簡訊，希望他回覆。

(C) 停止致電，靜待他的來電。

(D) 到他的公司，等待他下班。

超麻辣！大剖析 Answers

A 野蠻女友

在他心目中，妳變成了一個包袱，令他感到無比束縛，苦不堪言，而且妳也是一個不講道理的野蠻女友，難以相處，他可能會後悔和妳交往。

B 不溫不火

作為女友，妳已經做到自己的本分，但假若要論及婚嫁，則要改變自己過分保守的缺點，妳雖然有很多吸引他的地方，但因為這缺點，令他有所保留，不能完全投入。

C 百依百順

在他眼中，妳是一個理想的終身伴侶，而且思想成熟，明白自己在什麼時候處於什麼位置，能體諒他及理解他心中所想，稱得上是個百依百順的女朋友！

D 占有慾強

妳的占有慾太強，而且很少理會別人的感受，令他感到沉重的壓力。如果再這樣下去，他總有一天會承受不了，導致分手收場。所以妳現在應該主動克服自己這項缺點。

Topic 18 什麼類型的男生會喜歡妳？

　　喜歡的都不出現，出現的都不喜歡——我們對於自己喜歡什麼類型的男生都很清楚，但是說到什麼樣的男生會喜歡自己卻好像不太清楚。趕快進行以下的測驗吧，可以知道自己的個性會吸引哪種男生！

(1)當妳50歲的時候，希望自己變成什麼樣子？

　　沒什麼皺紋，看起來像20歲女生的可愛歐巴桑→(7)

　　在社會上出人頭地、很有成就的成熟女性→(2)

(2)妳曾經面對著鏡子研究最適合自己的表情？

　　是→(8)

　　不是→(3)

(3)跟別人說話時會心不在焉想別的事情？

　　是→(9)

　　不是→(4)

(4)很喜歡帶頭做一些事？

　　是→(10)

　　不是→(5)

(5)不太跟人訴苦？

是→(11)

不是→(6)

(6)寧可犧牲自己給別人快樂？

是→(12)

不是→(13)

(7)主動向人告白，從來沒有失敗過？

是→(13)

不是→(2)

(8)總是交得到男朋友？

是→(C)

不是→(15)

(9)妳的情緒起伏很大？

是→(E)

不是→(19)

(10)妳覺得自己很像大姊姊？

是→(B)

不是→(17)

(11)一旦有事發生妳就會心神不寧？

是→(18)

不是→(D)

(12)聯誼時若有很無趣的人，妳就會不太高興？

　　是→(B)

　　不是→(22)

(13)妳很會跟人交際？

　　是→(19)

　　不是→(14)

(14)曾收到不是自己喜歡的人送的禮物？

　　是→(20)

　　不是→(15)

(15)不太跟人說自己的缺點？

　　是→(21)

　　不是→(16)

(16)妳很喜歡忙碌的生活？

　　是→(22)

　　不是→(17)

(17)妳曾經有想死的念頭？

　　是→(18)

　　不是→(23)

(18)朋友常會找妳聊心事？

　　是→(24)

不是→(22)

(19)在路上曾有被五個以上的人搭訕的經驗？

是→(A)

不是→(20)

(20)妳曾經被同性朋友討厭？

是→(C)

不是→(21)

(21)不論再怎麼喜歡對方，妳都覺得沒有必要說出來？

是→(E)

不是→(C)

(22)聯誼時妳總是當主辦人較多？

是→(B)

不是→(23)

(23)為了家人或下屬，妳願意忍下任何事？

是→(D)

不是→(24)

(24)讀小說時總是無法了解故事主角的心情？

是→(D)

不是→(F)

超麻辣！大剖析
Answers

A 耿直男生最愛妳

會喜歡像妳這樣個性的男生絕不會是個生活太複雜的人。他的個性很樸實，思緒也很單純，這樣的人特別會對妳有意思。雖然妳自己本身並非那麼的簡樸單純，但妳最後也會喜歡上那個時時注意妳一言一行、在意妳生動表情的人。

一旦雙方開始交往後，只要兩人之間都沒有人提出分手，也沒有什麼特別的理由或意想不到的事發生，你們應該就能交往很久，這是最大的特徵。

B 稚氣男生喜歡妳

妳不論跟什麼人交往都會維持不錯的人際關係。這點雖然好，卻容易吸引個性比較不果斷或依賴心重的男生。而你們個性上有點互補的關係也因此比較容易契合，往往都會成為情侶。

由於你們的個性使然，無論如何他根本不可能向妳提出分手，所以往往要分手時一定是妳先開口。不過，若提出分手也只有在當妳喜歡上別人時，妳才會說得出口。

C 所有男生都哈妳

妳凡事都很會拿捏分寸，很女性化，所以喜歡上妳的男生個性上大都不相同。若要說到底什麼樣的人會喜歡上妳，則要看妳自己的興趣喜好是什麼，對方外表給人感覺如何才能斷定。

因此，從很man的男人到個性軟弱的男人都有可能喜歡妳，範圍相當廣。而妳自己本身，則比較喜歡值得妳佩服的才子或有領導特質的男生。

D 鄰家男生煞到妳

妳跟外表看起來感覺差很多，有點男人婆的感覺，個性也很強硬，跟誰都是一副哥們兒的樣子，因此喜歡上妳的人，通常個性上也會比較中性一點。

而你們若談起戀愛來，模式比較像朋友，以致於大部分男生都會覺得變成情侶還不如當朋友較自在，所以一旦有妳覺得還不錯的對象，或許要主動一點會比較好。

E 自信男生迷戀妳

雖然說也有特例，但整體而言妳是個總是心情很好，卻很難讓人了解的人。會喜歡妳的男生通常必須具有征服慾的野性，也要對自己相當有自信的人才會喜歡上妳，甚至是個自我意識過剩

的人。而他是否在了解妳的所有之後才喜歡上妳的呢？這還是個問號！雖然在交往的過程中能慢慢地了解妳，但大部分都要花很長的時間才有辦法喜歡上妳。

F 肌肉男生只要妳

簡單地說，通常是運動型的男生會喜歡妳。他們因為很怕麻煩，所以會比較喜歡跟單純、坦率的人交往，所以妳這種開朗少女最吸引他們了。你們的談話內容不會太深奧，大部分使用到的形容詞都很簡單，例如：很好吃、很不錯、很過分等等。對妳而言，這樣的人跟妳最投緣，若能遇上就是妳的幸運。

Topic 19 妳是正餐還是點心？

在男人眼中妳是正餐還是點心？既有漂亮的外貌又有脫俗氣質的女人無疑「回頭」率最高，對男人的殺傷力更是頂級；而有貌無形的女人最多只能算個「花瓶」。

妳好朋友的男友想追妳又偷偷強吻妳，妳會──

(A)直接跟妳的好朋友說

(B)故意疏遠他們，減少接觸

(C)裝作沒事發生一樣

超麻辣！大剖析 Answers

A 妳是正餐

妳的外型與內在太正派，男人只敢把妳當正餐。這類型的人言行舉止、思想都非常正確，甚至有點嚴肅，男人除非真的要追求妳，不然不敢輕易嘗試。

B 妳是點心

妳的性格太捉摸不定，男人怕受傷只好把妳當點心。這類型

的人把自己經營得非常好,讓人覺得她可以把自己打點得非常完善,再加上她有點神祕感,讓男人覺得無法掌握,於是就會退一步談戀愛。

C 妳是宵夜

妳的魅力實在太誘人,男人只有在晚上才會想到妳。這類型的人八卦傳聞很多,或是前男友爆料,讓她成為很多男人晚上幻想的對象。

Topic 20 妳什麼地方讓他心動?

大多數人不相信一見鍾情,認為這樣的愛情不能夠長久。兩人總是得互相有一點好感,才會願意長久相處下去。妳到底是什麼地方讓他心動了呢?

好朋友辦了一場生日聚餐,邀請了很多男性朋友,餐桌上有一些菜妳非常喜歡吃,那麼妳會怎麼做——

(A)直接去夾喜歡吃的菜

(B)吃自己臨近的菜

(C)夾不到就請身旁的男士幫忙

(D)只要吃飽就好,對菜不怎麼在意

超麻辣!大剖析 Answers

A 妳的大膽熱情打動了他,妳是一個比較真誠的人,不做作,也讓人很容易親近妳。性格開朗、豪爽是妳的優點,而且交際能力又比較廣泛,所以妳才能打動了他的心。

B 妳的靦腆羞澀,讓他對妳動了心,因為妳在男性面前還

是比較放不開，這樣的妳會讓男人有一種很安全的感覺，面對妳時能夠比較沉穩和冷靜。

C 妳就像一個火辣的女神，打動了他，妳的熱情讓他迫不及待地想擁有妳。因為有些男人很喜歡女人仰慕自己，正好妳也是那種很想找個人依靠的女人，那就讓自己變成小女人吧！

D 妳的樸素打動了對方，可能妳外表並不出眾，但是妳是男人心目中妻子的最佳人選，可以看出妳對家庭比較看重，而且會以男人為重心，所以常常讓男人們很想有一個家的感覺。

超麻辣愛情筆記區

Chapter 2

妳的愛情致命弱點

　　如果妳還沒有結婚或者還沒有男朋友，那妳該反省一下自己了——為什麼到了結婚的年齡我還沒有結婚呢？為什麼沒有人喜歡我？為什麼每次戀愛都以失敗告終？

Topic 21 妳變心的速度有多快？

戀愛時，我們都希望一段愛情能長長久久，可是又有幾個人的愛情是由初戀走進婚姻呢？妳想知道妳會對愛情變心嗎？妳想知道妳變心的速度有多快嗎？

如果妳一個人在房間裡面睡覺，妳的房間沒有鎖，房門突然被打開，妳的直覺是誰進來了？

(A)妳爸或妳媽

(B)妳的小狗或小貓

(C)妳的戀人

(D)被風吹開

(E)小偷

超麻辣！大剖析 Answers

A 變心指數55

妳發現對方說謊欺騙妳，妳就會生氣變心。這類型的人在愛情的性格上，在交往的時候會100%的信任對方。如果發現對方竟然欺騙自己，這時候會非常生氣而變心。

B 變心指數20

只要讓妳愛上了，一輩子都很難變心。這類型的人不會很輕易地愛上一個人，如果真的深深愛上一個人時會愛得執迷不悔。

C 變心指數40

變心機率很低，除非對方先變心提分手。這類型的人在個性上很怕失去的感覺，因此對方做任何事情妳都可以包容，絕不會輕易地主動提分手或變心。

D 變心指數80

當夢中情人出現，妳就會對舊愛變心。這類型的人對愛情有企圖心，對目前的對象不是很滿意，會追求更好的戀人。

E 變心指數99

變心速度超快的妳，只要感覺不對說變就變。這類型的人跟著感覺走，只要對方一個眼神不對，或是講句話讓妳不爽，妳就會想分手。

Topic 22 妳會為了什麼而變心？

妳覺得自己是不是一個花心的人？還是一個容易變心的人？感情往往不是我們自己可以控制的，有時妳會忍不住對戀人不滿，或是忍不住被其他人誘惑。現在的妳正投身一段戀情中嗎？那麼看看讓妳變心的真正原因會是什麼，好防患於未然吧。

請注意：這是一個假設問題，必須是假想才準確！在這個答案裡可以找到妳的愛情觀以及變心的原因。

假設妳已經戀愛多年，遲遲沒有結婚，或者妳已經結婚，而妳不喜歡這段婚姻。試想一下，妳分手或離婚的原因會是什麼？

(A)覺得他對妳已沒有吸引力，不想再愛下去。

(B)彼此有明顯不同的人生價值觀，不同的個性。

(C)經濟問題。

(D)他劈腿(外遇)。

超麻辣！大剖析 Answers

A

愛情分析：妳有喜新厭舊的性格，容易挑剔對方的缺點，因此妳在還不了解時，反而與戀人有較好的關係，了解之後便產生厭倦之心。妳需要的愛情，應當有許多虛假的包裝，才能使妳有浪漫情懷，為他的虛情假意感動和陶醉。做妳的戀人或伴侶，必須了解妳的需要。

變心分析：如果妳的戀人沒有足夠的條件來掌握妳，應當知難而退。妳的挑剔和易變個性，使妳難以駕馭在愛情世界裡。妳若等待適當的人出現時才去愛，很容易迷失在情感漩渦裡。如果妳自己的條件好，將使妳更難找到永久的伴侶。

建議：妳需要一個懂得浪漫的愛人，實實在在過日子的人不適合妳。而且，如果妳想擁有穩定的婚姻，妳也應該學會改變自己，畢竟愛情不是充滿甜言蜜語的兒戲，人會老、心會累，所以，還是踏踏實實過日子比較好，只要他愛妳。

B

愛情分析：妳對自己充滿自信，使妳在愛情中無法輕易欣賞對方的才能。妳的看法是他雖然有很多優點，但缺點也是一籮筐。雖然他很有品味，他很懂得扮演一個適合的戀人來陪襯妳，但妳的名利心較重，常常使妳無法長久留在一個小人物的身邊，

妳需要的是十項全能的戀人。

變心分析：太過理性是妳變心的原因，妳常常有充分的理由使對方啞口無言，當妳遇到心情不順、感情不夠和諧時，容易找到各種理由，以性格不合而分手。

建議：妳需要一位不會回嘴和妳發生爭吵的戀人或伴侶，無論妳如何指責他、冤枉他，他也不反駁；最好他能向妳道歉、聽從妳的意見，才能挽回妳的愛。

C

愛情分析：公平與責任是妳愛情關係的主要特色，當妳受到平等尊重的待遇，才能感到被愛。妳對愛的需要並不多，只要他是理想人選，有理想條件、有品德、有人生目標、有理想，妳就會永遠陪伴在他身邊。

變心分析：妳的工作不適合過於緊張，不能承受太多壓力是妳變心的原因。當妳對生活感到不滿足時，常責怪妳的戀人或伴侶，他若不能分擔一半責任，妳便會與他分手。

建議：妳應當注意對方的條件與經濟能力，對方應能給妳安全感與分擔妳的憂愁，才適合做妳的戀人或終身伴侶。

D

愛情分析：妳是沒有自信的人，需要熱情的愛情、需要戀人較多的關懷，妳認為忠誠的愛情很少有，因此妳的愛情需要較多的保證，才能使妳放心地去愛他。

變心分析：妳因為自知無法掌控戀人而離去，多半是對方甩掉妳，但也有妳自知之明的時候，使妳不得不甩掉他。

建議：妳應當訓練能力去鑑定人以及真假愛情之別，使妳有勇氣去愛，去處理感情問題，並能永遠留住他，讓他明白妳是值得他愛的人。

Topic 23 妳的戀愛底線

　　幾乎每個人都需要戀愛、愛人、婚姻，可是這並不代表我們有了愛情就什麼都不要了。其實，每個人在談戀愛的時候都有自己想要堅持的部分。現在就透過下面的測試進入妳的潛意識，來看看到底什麼才是妳在戀愛中絕不讓步的底線。

　　當妳一個人在小餐館裡喝了一瓶啤酒之後覺得心情特別好，那麼接下來妳會點下列哪種下酒菜呢？

(A) 滷味拼盤

(B) 花生等堅果類拼盤

(C) 爆米花

(D) 辣味烤雞翅

超麻辣！大剖析 Answers

　　A 對妳來說，戀人絕對不可以剝奪妳跟朋友的聚會時間。妳將朋友和戀人視為同等重要，會花很多時間跟自己的戀人在一起，可是同樣也希望他可以給自己時間去和朋友聚會，最好不要從中阻撓。

B　妳是一個超級自我的人。凡事都要以妳的意見為出發點，覺得兩個人相互溝通，最終要有一個人妥協簡直是太無聊了，只要每件事情都聽自己的準沒錯。如果戀人不配合時，妳會立即翻臉。

C　妳是戀愛至上的愛情奴隸，戀人在妳的眼中就是世界中心，只要可以和他在一起，沒有什麼好堅持的。妳會覺得兩人世界中沒有大事情，凡事只要都聽對方的就好了，為了堅持一些小事而傷了感情才划不來呢。

D　妳是個工作狂，絕不會因為兒女私情而耽誤工作，非常公私分明。私底下，無論戀人怎樣要求，妳都會盡力地去配合順從，但是工作時間妳則會非常的敬業，絕對不能容忍戀人的無聊打擾。

妳會遭遇三角戀嗎？

在感情戲中，我們看慣了男女主角的感情糾葛，其中三角戀讓劇情矛盾衝突，跌宕起伏，吸足了觀眾的目光。可是，三角戀並非只是在影像裡，它也可能發生在我們的生活中。妳曾介入別人的愛情嗎？妳將遭遇三角戀嗎？測試看看吧！

下列中，妳會挑哪一種戒指？

(A) 高價的名貴戒指

(B) 小型的鑽石戒指

(C) 奢華吸睛的大戒指

(D) 精巧細緻的優雅戒指

超麻辣！大剖析 Answers

A 選名貴戒指的人，到最後關頭，一定捨友情而取愛情。這類型的人，一有談戀愛的機會，立刻拋棄朋友，嘴上雖說友情不渝，但到時候，不能保證不惜背叛長久友情。

B 選小鑽戒的人，誠實明理，本身不想傷害朋友，但容易

為愛情所困，易陷情網。若碰上三角難題，會獨自苦惱，極度掙扎，最後還是甘願做愛情奴隸，選擇戀情。

C 選大戒指的人，是自我中心、唯我獨尊型。善妒、對朋友的戀情，毫無祝福的雅量，卻把自己的戀愛和婚姻置於友情之上。所以如果遇到喜歡的人，不管是跟誰交往，照攻不誤。

D 選精巧戒指的人，富體貼之心，處處替別人著想。自己就算有了愛人，依舊珍惜友情；理智，不輕易行動，以誠意溝通，化解三角難題。

Topic 25 妳的戀情該補充什麼？

戀愛並不都是美好的，還伴隨著矛盾和衝突。戀愛中的吵吵鬧鬧是再平常不過的，可是，平常的事情也有不同於一般的作用。下面這個測試就能從妳吵架的方式推測出妳的戀愛更需要些什麼——是對戀愛的熱情，獨自的空間，還是冷靜的心態呢？

妳現在一肚子氣，很想找個方式發洩一下，下面有三個建議，妳會選擇——

(A)大吼大叫、亂罵髒話

(B)亂摔東西

(C)打真人沙包

超麻辣！大剖析 Answers

A 選擇大聲地罵髒話或是大聲地哭喊的人，妳的戀情最需要補充的是陽光，也就是熱情。其實戀愛越久，妳的熱情就會慢慢冷卻，要隨時加溫。其實這類型的人，偶爾還是要讓自己熱一下、滾一下，讓對方能夠感受得到，其實妳還是非常地愛他的。

B 選擇揍東西的人，妳的戀情最需要補充的是空氣，也就是空間，彼此的獨自空間。戀愛的時候會以戀人為主的妳，其實也是非常渴望擁有自己的空間，記得多撥一點時間給自己，免得最後被壓得喘不過氣來。

其實一個人過的時候也滿開心的，有自己獨處的空間也很自在，不過當兩個人在一起的時候妳會認為對方是妳的全部，所以一定會擔心、疑神疑鬼。有時候不妨讓對方保留一點點私人空間，而妳自己也需要，這樣兩人相處起來才會開心。

C 選擇真人沙包的人，妳的戀情最需要補充的是水，也就是妳需要冷靜下來。因為在戀愛中容易「又瞎又聾」的妳，偶爾需要讓自己冷靜下來，別為愛沖昏了頭，但還是離不開。

妳對愛情的主動性

有些男女明明互相喜歡，可是最終就是沒有走在一起，為什麼呢？因為彼此有好感，卻沒人說出來。那麼妳是這樣的人嗎？遇到自己喜歡的人，妳的主動性是高嗎？妳有沒有把握機會說出自己的愛呢？

假如有一扇能看見海景的窗，妳會為這扇窗挑選什麼顏色的窗簾？

(A)紅色

(B)藍色

(C)黃色

(D)白色

超麻辣！大剖析 Answers

A 遇到自己喜歡的人，妳會抓緊時機表白心意。妳不喜歡思前顧後，即使沒有十足把握也會表達自己的真實想法。妳會積極把握每一次機會，也有抓住良機的力量。但注意不能過分強硬，否則只會嚇跑了對方。

B 妳不喜歡過於直接地表達愛意，對愛情多採取隨機應變的態度。妳不會急於表現自己，而是借助周圍的環境，自然地凸顯自己的個性。對於自己喜歡的人，妳的基本技巧是贊同，透過認同對方使彼此產生知己的共鳴。

C 妳的個性天真無邪，最不工於心計。妳對人的好感完全受到好奇心的支配，自然地與對方交往，發掘共同興趣。真實、坦白是妳最大的特點，但妳似乎稍微欠缺努力和決心，所以與異性的關係總是界於朋友與戀人之間的曖昧階段。

D 親切隨和是妳的特點，妳的溫馴使人與妳在一起時感到舒暢，但有時妳會過分遷就別人，而缺少了自己的主見，即使喜歡上某人也只會在一旁默默等待。渴求一份有成就的愛情，就需要積極地行動了。

Topic 27　妳的愛情缺了什麼？

愛情需要兩個人共同維護，如果一方倦怠了，愛情就會步入瓶頸期。這段感情會有好的結果嗎？還是已經覺得雙方有些說不出來的地方不對了？看看你們之間的感情到底缺少了些什麼。

假設妳已和現在的戀人結婚，突然有一天他想和妳離婚，妳認為會是哪一種因素呢？

(A) 覺得彼此已經沒有吸引力，不想再愛下去

(B) 彼此的人生價值觀有明顯不同

(C) 經濟上的問題

(D) 他有了外遇，愛上了別人

超麻辣！大剖析 Answers

　　A　他是浪漫的人，情調對他非常重要，他的外遇機率很高。為了挽留妳的戀人，妳應當在生活中多製造相處樂趣及愉快氣氛，應當多為他而打扮自己，多穿他愛看的衣服，多說他喜歡聽的甜言蜜語。

B 他或許已經有了外遇，或隨時準備外遇，你們的愛情似乎正在觸礁狀態，可能他需要得到非常重要的東西，而妳卻渾然不知；可能需要有人在事業上助他一臂之力，而妳卻無力去幫助他。趕快去滿足他吧！否則就快點為自己在分手後做些打算。

C 為經濟問題離婚，是離婚三大問題之一，你們的婚姻已亮起了紅燈，他常常拒絕和妳接近，有錢寧願去招待朋友，也不願邀請妳約會，妳成了他的累贅。他甚至不願正視妳，只有在妳賺到很多錢時，才有他的愛情，在這種時候，他才會非常熱情和主動。這種男人，快點趁現在看清楚，然後離開他吧！

D 他是多情種子，經常難抑心中熱情，需要尋找更多的愛情體驗，或者結婚太多年，使他覺得妳已經沒什麼吸引力。想挽留這樣的戀人或丈夫，妳應該給他更多自由去「鬼混」，並且不時誇獎他是大眾情人，滿足他的虛榮心。但是如果妳受不了一個花心伴侶，就趕快跟他說再見吧。

Topic 28 為什麼沒人追妳呢？

　　為什麼優秀的妳卻沒有人追呢？是妳真的無可救藥，還是因為妳有一些愛情弱點讓人不敢或者無法靠近呢？如果妳想結束單身，步入婚姻，那做做看下面的測驗吧！

　　假設現在妳的上身穿著一件純白色的襯衫，下列哪一種服飾是妳想搭配的？

　　(A)及膝的百褶裙

　　(B)長的圓擺裙

　　(C)黑色熱褲

　　(D)緊身牛仔褲

超麻辣！大剖析 Answers

　　A 妳的眼光太高了，嫌甲太醜、乙不夠帥、丙又沒氣質，天下哪有十全十美的人呢？別一直為難自己了，如果妳稍微放下身段，馬上會有一大群追求者圍繞著妳呢！

　　B 妳太黏人了！戀人也需要自己的空間，妳老像個跟屁

蟲,處處要人照顧,妳的異性朋友當然對妳避而遠之。

C 或許妳過度地招搖自己,讓想與妳為友的異性望而卻步,妳老是走在世界流行的尖端,哪有人追得上妳?其實一般人並不希望自己的戀人成為被指指點點的對象,或許該稍微注意自己的裝扮,尤其走中性路線最好。

D 妳把身邊的異性都當哥們兒,人家想追妳也沒轍。先不要太快將朋友定位,說不定留一點空間,妳會發現追求妳的人還不少呢。

Topic 29　優秀的妳為何變成「剩女」?

妳很優秀,在任何方面都毫不遜色,但是這可能就是妳現在還孤家寡人的主要原因。想了解自己「剩下來」的原因,趕快來做測試吧!

這是一條通往桃花源的路,曲徑通幽,平時很少有人知道,更少有人走,妳覺得這一路上妳會遇到什麼阻礙?

(A)可怕的野人

(B)很深的山澗

(C)尋找不到食物

(D)被路邊景色迷惑,導致最後迷路了

超麻辣! 大剖析 ────Answers

A 生活圈子太固定,又缺少改變的能力和衝動

朝九晚五而又忙碌的工作似乎把妳綁在了固定的圈子裡面。每天早上睜開眼睛的時候,妳都會盤算著晚上要進行一個怎樣有趣的活動,可是每到下班,當妳拖著疲憊的身體回家之後,妳就會以各種藉口取消早上的計畫。

窩在家裡看電視劇、端著咖啡上網成了妳的必修課。懶惰是妳成為「剩女」的最大原因,適當擴大一下交友圈對妳來說會有不錯的機會。

B 關心男人擁有的,超過男人本身

妳對物質方面的要求要高於對精神層次的追求,也就是說妳對男人硬體的要求高於軟體。

在妳看來,在沒有實現以前根本算不上實力的表現,明星大學、資深經歷,代表的都是過去的輝煌。潛力股妳不要,但現成的優秀、單身男人更難找,於是歲月就在妳不停地尋找好男人當中蹉跎過去。

C 太理智以致於忘記女人其實是情感動物

為什麼世界上會有男人女人的分別?除了最原始的目的,也就是繁衍後代之外,男人和女人最大的區別就在於一個是理性動物,而另一個是感性動物。不幸的是,妳做事情太過理智了。

當然這並不是妳的錯。如果男人想找一個和他一樣理智的人作為終身伴侶,那他完全可以選擇單身,而不是結婚,三五好友在一起過那多好。正是女人這種不可預期的情感和行為吸引了男人,並一步步將他們套牢。

所以在工作時間之外，請試著忘掉妳那智慧的大腦吧，讓女人衝動的原始本性重新回來。

D 自認為太優秀，能配上自己的男人少之又少

不可否認，妳是一個很優秀的女性，和男性相比，在任何方面都毫不遜色。可是妳有沒有意識到，這可能就是妳現在還「剩」在家裡的主要原因？

在傳統觀念裡面，家庭裡面男人一定要比女人更加優秀，這樣男人才能擔當一切、保護家人。妳也有這樣的顧慮和考慮，想尋找一位自己很崇拜的男性作為終身伴侶，可是自己的能力太強，身邊的男人自己又都看不上眼，久而久之就「剩下」了。

Topic 30

妳的何種姿態讓愛情很受傷？

愛情不成功，可能是遇人不淑，可能是運氣不好，但也要反省自己是不是有所不妥的地方，也許妳對待愛情的姿態不正確，結果讓愛受了傷。所以，如果妳想收穫幸福的愛情，就看看自己哪裡會造成愛情的傷害吧！

(1)妳是個特別喜歡對著鏡子發呆的人嗎？

　　是→(2)

　　不是→(3)

(2)妳是個很意氣用事的人嗎？

　　是→(3)

　　不是→(4)

(3)妳是個愛記仇的人嗎？

　　是→(4)

　　不是→(5)

(4)回憶對妳來說甜蜜多一些還是痛苦多一些？

　　甜蜜多一些→(5)

　　痛苦多一些→(6)

(5)妳給他保留了充足的個人空間嗎？

是的→(6)

不是，我看得很緊→(7)

(6)妳打電話時，是不是總是有説不完的話？

是→(7)

不是→(8)

(7)妳很害怕孤單嗎？

是的→(8)

不害怕→(9)

(8)妳覺得自己是一個處事果斷的人嗎？

是的→(9)

不是→(10)

(9)妳覺得自己的笑容很迷人嗎？

還可以吧→(11)

不覺得→(12)

(10)妳會把財富作為判定一個人成功與否的首要因素嗎？

是的→(12)

不一定→(13)

(11)妳是否常抱怨他陪妳的時間少？

是→(13)

不是→(14)

(12)為了買雙鞋妳會花一天的時間在街上逛嗎？

　　會的→(14)

　　不一定→(15)

(13)每一次約會，誰說得更多些？

　　我→(B)

　　他→(D)

(14)對於他犯的錯，妳會不輕饒？

　　是的→(A)

　　不會→(E)

(15)妳覺得女人是不是應該經歷幾次失戀？

　　是的→(C)

　　最好一次成功→(F)

超麻辣！大剖析 Answers

　　A　　妳把愛情當成了生命的全部，其他的一切都是次要。愛情就是妳的空氣，妳的生命，是妳付諸全部心力投入的。妳很希望將自己的愛情搞得轟轟烈烈，天下皆知。這種姿態可怕的地方就是妳非要那個人視妳如太陽，整天圍著妳轉，否則妳就會失望。其實他也未必是對妳無情，或是有蔑視妳的意思，也許他只

是貪玩或是比較實際，覺得在這個世上還有許多事情比你們兩個的愛情更重要，比如工作、經營親友的感情等等，只是妳的姿態讓人感覺壓力好大。

　　B　妳很容易犯這樣的毛病，就是不管與人交情如何，喜歡在人面前數落生活中的大小事情，也不管對方感不感興趣，最要命的是說話毫無邏輯性。妳喜歡與別人分享祕密，這一點沒有太大殺傷力，但最好不要道人長短，尤其是還在半生不熟的時候，就急於掏心，效果往往適得其反。

　　更多的情況是男人對妳有了好感，他們會更鍾情於在妳面前炫耀自己的種種過人之處，不要搶話，妳只需要獻上自己的耳朵，靜靜地聆聽便是，以男人般的姿態對待愛情。

　　C　妳是個喜歡嘰嘰喳喳的人，心裡藏不住任何事，但是不要什麼事都對妳的好姊妹說。妳的這根筋太致命了，妳在她們面前過於開誠布公，可以說是無話不談，他和妳戀愛過程中發生的任何細節，妳的姊妹們全都一清二楚。沒有一點隱私，他怎麼能在妳的朋友面前樹立形象？這一點必定會讓妳的愛情很受傷。

　　D　妳是個凡事都愛問「為什麼」的人，總喜歡把事情想得

很複雜，也許是妳的心理防線繃得太緊，腦子好像是多出了一根筋。不過妳要明白，男女之間交往有時候其實是很簡單的，想得太多有時很容易南轅北轍。

妳總是想知道——為什麼他在晚上才打電話來，而不是在中午？他為什麼請我看電影？這樣說，是不是有特殊的理由？

事實上答案非常簡單，十之八九是他愛上妳了，僅此而已。另外妳還要明白的是，男人就像一輛在公路上急速向前的跑車，他的目的地很明確，當他停在妳身邊時，想上的話就快上去吧！錯過的話，很難再次遇到，所以姿態很重要！

E 妳要知道男人們是並不害怕承諾的，只要是他真的愛妳，什麼樣的承諾都不是問題，表決心可以說是隨口就來，不過這往往是在進入一段穩定的感情之前。

但當你們的愛情已經進入了平穩期，他卻開始害怕承諾了，說話也變得有些躲躲閃閃，這時候的他肯定是在心裡無數次地問過自己——妳到底是不是他要找的那個人？如果答案對他來說是否定的，他可能就不會在妳身上浪費時間了，打退堂鼓是肯定的，最終能不能好聚好散關鍵就在於妳了。老是抓住沒希望的愛情，猶豫不決，這種姿態真的有些不太端莊了。

F　妳太看重自己所經歷的那段感情了，這一點誰都能夠理解，並會對妳表示同情的。哭得昏天黑地，發洩幾天也就足夠了，千萬別因此而去尋死覓活，實在是不值得。

愛情是兩個人的事情，一方若已變心便再也回不去了，就勇敢放手吧！這個世界上，還有更優秀的男人，眼界放寬一點，不要做井底之蛙！為了愛情痛不欲生，從此看破紅塵，這種姿態，很傻很天真，不受傷才怪。

Topic 31　為什麼愛情會避開妳？

　　為什麼周圍的人都在卿卿我我的時候，妳卻形單影隻呢？為什麼愛神之箭不肯射向妳心儀的人呢？如果妳想知道愛情為什麼會繞道而行，請做下面的測試吧！

　　當妳在淋浴的時候，房間裡的電話鈴聲響起了，妳的反應是？

　　(A) 裸奔出去接聽

　　(B) 猜猜此時打來的會是誰再決定

　　(C) 請浴室外的朋友幫妳接聽

　　(D) 不予理會

　　(E) 裹上浴巾再去接聽

超麻辣！大剖析 Answers

　　A　大而化之的性格。妳有虛榮心重的傾向，對待感情有點三分鐘熱度，不符合居家型的伴侶要求，讓異性往往能很容易和妳做朋友，卻覺得和妳做愛人欠缺安全感。其實妳一旦遇見真愛，就會特別單純，容易把自己的身段放低，付出很多以求維繫

這段感情。然而愛情中越是太在意，越不容易被珍惜，不易換來他人的真心對待。

B　過於理智的性格，缺乏陷入愛情所需要的糊塗和可愛。他為什麼約妳吃飯，他有幾分把握追妳到手，妳都用計算機般的大腦掃描分析；每個媚眼釋放多少電力，每個微笑多少弧度妳都拿捏有道，如此冷靜的大腦愛情可不想和妳擦出火花。因為妳對感情有點自私，追求者覺得妳神祕而難以接近。

C　欠缺把握愛情良機的主動。遇見心儀的對象妳常常會猶豫不決，搖擺不定，就在妳獨自小鹿亂撞、矜持嬌羞的時候，旁人已經把妳的夢中情人占為己有！愛情是場資源有限的爭奪戰，不怕遇人不淑，只怕錯過機會。

而且妳一旦陷入愛情又有過於細膩的傾向，情緒化、多愁善感，還會透過言語把這些情緒傳達給對方，給戀人一種透不過氣的窒息感。貼心建議：心動更要馬上行動，掌握愛情的主動權。

D　自我為中心，傷透戀人心。妳容易一投入工作就忘記生活的休閒，有工作狂的傾向。自身條件優秀的妳，深知自己的優勢，不懂得珍惜疼愛妳的人，讓妳的追求者都吃盡苦頭，最終大

家都對妳敬而遠之，妳也就成了孤家寡人。

　　E　吹毛求疵、一板一眼，過度追求完美的傾向讓愛妳的人非常累。妳想要魚和熊掌兼得，想要以小代價換來大回報，是不是經常打腫臉充胖子呢？剛開始對方會被妳營造的假像所迷惑，但當他發現真相時就會非常失望，而為了不讓他發現真相，妳必須辛苦的維持，費心勞力啊！

妳最經不起哪種攻勢？

在愛情中，面對追求者妳最經不起哪種攻勢呢？是自己對未來的憧憬？還是友誼式的戀愛攻勢？還是對才華的欣賞？還是物質的引誘？

小靜身邊的朋友都在戀愛中，看得她好生羨慕。這晚她夢到了一個魔鬼，對她說：「想要幸福的話，就拿個等值的東西來跟我換吧！等妳醒來，就會成真了。」妳覺得，極度渴望幸福戀愛的小靜，會選以下哪一個作為交換？

(A) 親情

(B) 友情

(C) 金錢

(D) 事業

(E) 夢想

超麻辣！大剖析 Answers

A 禁不起自己的妄想，選擇用親情來換的人，對家庭的羈絆沒有那麼深，覺得自己的幸福和未來跟原生家庭的那些過去沒

有太大的關聯性，比較容易被那種假想式的、美好的未來憧憬所引誘，即使那可能只是自己的幻想。選擇這類型的人，一旦愛上某個人，甚至會不顧一切私奔，屬於比較任性的人。

B　禁不起友誼式的追求攻勢，會願意用友情來交換幸福的人，認為朋友不過是一段時日的陪伴，對陌生人的戒心比較高，也不太容易相信人。這類型的人，很有可能即使朋友很多，卻沒有真正知心的好友，所以反而會被那種能夠互相了解、或擁有共同興趣、個性特質接近的人所吸引。

C　禁不起表面的才華，願意使用金錢來交換的人，難聽一點就是不知民間疾苦的人吧！總是天真地相信愛情可以代替麵包，生活只要過得去就好，不需要太在乎生活品質。這樣的人容易被看似有才情的人所吸引，卻忽略許多現實層面的考慮，也難以去考慮更遙遠的未來。一廂情願地認為富家千金與痞子的結合是浪漫的愛情童話。

D　禁不起物質的引誘，願意用事業來交換的人，沒有太重的事業心，對於工作方面的成就感薄弱，不認為自己在職場的部分應該達成什麼樣的目標。因為這種心態，比較習慣在物質生

活方面依賴他人,所以容易被表面的經濟狀態所蒙蔽,講難聽一點是比較勢利,即使不一定會表現出來。要注意,既然自己會觀察,就有人會假裝,要小心分辨才是。

E 禁不起權威式的指令,選擇夢想的人,很可能正因為認為夢想太珍貴而幸福太遙遠,反而會願意放棄自己原先的夢想。另一種極端則是認為幸福的戀愛甚至共組家庭就已經是自己的夢想之一,顯得其他夢想就可以捨棄不要了。這樣的人容易過於貶低自己的可能性,被權威式的態度壓過去,即使對方不一定真的有「料」,甚至只是個自大狂。

Topic
33 妳的戀情會因什麼而失敗？

妳認為妳的戀情會長久嗎？如果不能，那會是因為個性不合？還是因為多疑，缺乏安全感？還是因為愛的束縛太重？或者是因為過於寬容呢？如果妳想知道自己的戀情為什麼總是以失敗告終，請做下面的測試吧！

妳被「啪」的一聲嚇了一跳。抬頭看，原來是掛在窗戶上的水晶風鈴掉下來摔破了。憑直覺，妳認為風鈴最有可能是因為什麼掉下來的？

(A)被飛過的小鳥的翅膀拍到

(B)被樓下踢球的小朋友砸到

(C)釘子鬆脫掉下來

(D)被強風吹落

超麻辣！大剖析
Answers

A 妳很有想像力，凡事總以自己的標準去衡量好壞，不會為了自己喜歡的人改變觀念和做法。當發現和戀人之間存在差異，很難委屈自己去迎合，你們的戀情就會結束。妳戀情失敗的

原因是──個性不合。

B 妳缺乏安全感，不太信任人，有些多疑。妳對戀人也會有些不信任，一旦發現一點點蛛絲馬跡就會大做文章。妳戀情失敗的原因是──太過多疑。

C 妳覺得為自己所愛的人付出再多也值得，妳的愛會成為對方的負擔，偶爾放手讓戀人去做他喜歡的事，對你們的戀情更有利。妳戀情失敗的原因是──愛的束縛。

D 妳不會去想遙遠的事，懂得享受生命，就算分手也會和對方成為朋友，但過於灑脫。妳戀情失敗的原因是──過於寬容。

Topic 34

誰會是妳愛情裡的剋星？

什麼才是妳最渴望的愛情呢？妳得到這種愛情會有障礙嗎？
如果想知道，就做做下面的測試吧！

妳認為當寵物最幸福的事情是什麼？

(A) 每天能睡覺睡到自然醒

(B) 不用辛勞，每天都能按時吃東西

(C) 不用受氣，天天受主人寵愛

超麻辣！大剖析 Answers

A 深邃神祕的異性會是妳的愛情剋星。天生有點敏感又不
太真正擅長揣摩人心的妳，其實比較習慣有什麼就說什麼的交往
模式，一旦愛上稍微難懂的異性妳就會開始不由自主地失控了，
一心想要掌控，因為妳自信心很強，希望對方的一舉一動或任何
反應都在自己掌控之內，妳的思緒就會繞著對方轉，結果沒搞定
對方自己卻變得愛胡思亂想。

B 花言巧語的異性會是妳的愛情剋星。個性單純的妳，有

時候看起來也許還有點城府，但其實很好騙，一旦遇到舌粲蓮花的愛人，妳就很容易被他牽著鼻子走。妳內心深處其實非常單純又孩子氣，深信戀愛的基礎是信任，更深信對方不會欺騙妳，所以當對方有心要騙時，只要給妳一個沒有嚴重邏輯衝突的理由，妳都會相信。

　　C　柔弱的異性會是妳的愛情剋星。天生正直又有同情心的妳，最無法抗拒的就是弱者或者需要妳扶持的人了。如果情人撒嬌裝柔弱，或是正好運勢不順需要幫助，或是一直死皮賴臉讓妳照顧，妳就會完全控制不了自己，掏心掏肺地去照顧、幫助對方，傾盡全力地去滿足對方的要求。

Topic 35 密碼洩露妳的感情弱點

在網路風行的今天，許多人都會利用即時通訊軟體和愛人、親友、同事客戶聯繫，因此設置好記又安全的密碼很重要。不過，密碼的作用不僅限於此，在此還可以根據妳的密碼設置推算妳的感情弱點。如果不信，就測試看看到底準不準吧！

妳會如何設置密碼呢？

(A) 姓名拼音+自己生日

(B) 姓名拼音+電話號碼

(C) 姓名拼音+其他數字

(D) 經常更換

(E) 精心設計的奇怪組合

超麻辣！大剖析 Answers

A 普通型：選用姓名拼音或英文名加自己生日來當密碼的人，是很好搞定的人，妳不會太難追，挑戰性也不高，相處一段時間，對方就可以掌握到八、九分。所以這類型的人在愛情中不會耍什麼小聰明。

B 居家型：這類型的人多半會選用家裡的電話號碼，因此妳是一個對歸宿感很看重的人，妳比較善良但絕不是沒有立場，雖然談不上容易搞定，但一定會給別人留下機會。一旦失敗，妳也不會太傷心，因為家的溫暖能幫妳治癒傷口。

C 保守型：用姓名和別人難以猜得著的數字，比如他人的生日、自己的學號等其他數字的人，對追求者的戒心會很重。妳喜歡觀察對方，甚至會出一些小測試來考驗對方，內心又不時地考慮雙方是否合適，如果沒有得到信任，兩人的關係就無法有進一步的突破。

D 變化型：這類型的人的內心嚴重缺乏安全感，但又十分想要得到安全感。要討好這種戀人，是高難度的挑戰，除非對方能給自己安全感，否則即使今天答應了，也許第二天就會後悔。

E 複雜型：這類型的人內心較為複雜，想得很多，所以外表會比較冷漠，但其實一旦被看穿心思，會變得很柔弱。

Topic 36 妳為何到現在都沒有另一半？

妳為何到現在都沒有另一半？為什麼到現在還是子然一身呢？到底是什麼原因導致的？趕快來測一下吧！

假設警察現在抓到四名嫌疑犯，妳覺得哪一個是小偷？

(A)賊頭賊腦的中年人

(B)叛逆的少年

(C)一臉凶相的大老粗

(D)面相忠厚的老實人

超麻辣！大剖析 Answers

A 心還不定的妳連自己也不知道到底理想中的另一半長什麼樣子。這類型的人內心深處不管幾歲心都還定不下來，未來的另一半到底是怎樣的人自己都還無法確定，不清楚哪一種人才是自己真正需要的，心靈還屬於不安定的狀態中。

B 妳有自己所堅持的，目前還沒找到合乎標準的對象。這類型的人內心深處要找的是結婚對象，因此考慮的比較深遠，對

方的個性、外型以及跟家人的相處、人品學歷等等，都在考慮的範圍之中，妳的堅持是為了未來著想。

C 沒有目標的妳，真愛常與妳擦身而過卻不自知。這類型的人少根筋，常常讓身邊的人為妳傷腦筋，很多很好的對象都在四周，甚至暗示妳，可是妳完全渾然不知。

D 容易愛錯人的妳，常常被對方玩弄而孑然一身。這類型的人心地太善良又太容易相信人，相愛的時候他說什麼話妳都相信，即使別人好言相勸妳也不聽，因此被玩弄後造成孤單一人。

Topic 37 為什麼男人不疼妳？

妳的男人夠不夠愛妳呢？如果妳覺得不夠，是因為妳自己的態度忽冷忽熱？還是因為妳有母性的光環，讓男人只想讓妳疼？如果想搞清楚，就做下面的測試吧！

當妳看到一個排球時，妳第一個聯想到的畫面是？

(A) 小孩子的心愛玩具

(B) 陽光、少年、沙灘玩球

(C) 奧運選手的比賽用球

(D) 人妖們正在打排球

(E) 泳裝美女一起玩球

超麻辣！大剖析 Answers

A 態度忽冷忽熱，讓男人搞不懂妳

這類型的人內心深處還保有赤子之心，有孩子的任性，剛開始男生會覺得妳很幽默很可愛，會有很多耐心陪伴妳，可是最後還是會感到累的。

B 有媽媽的味道，男人只想讓妳疼

這類型的人內心深處剛跟對方交往時，母愛很容易就散發出來，不管是金錢上或者是物質上都想要照顧對方。

C 不懂得看臉色，讓男人覺得很無奈

這類型的人完全活在自己的世界裡，連自己的情緒都搞不定，因此根本沒有餘力照顧男人的情緒。

D 回家就不打扮，把另一半當瞎子

這類型的人內心深處喜歡自由自在的感覺，工作完一下班之後她就會穿上自己最舒服的衣服，讓對方認為當初交往的美女怎麼變成了一個歐巴桑。

E 情史太輝煌，男人害怕被妳宰掉

這類型的人對自己很有自信，所以妳散發出的魅力會吸引到很多的男性，這時候妳的另一半就會覺得自己是不是哪一方面不夠強或是不夠好。

Topic 38 找出妳的愛情弱點

當得不到愛情滋潤的時候，妳有沒有想過自己是不是有什麼愛情弱點？因為總是翻舊帳嗎？還是因為妳過於單純？

測試看看，並找出妳在愛情裡的弱點吧！

一天，妳在自家的庭院裡面發現了一隻受傷的兔子，妳認為牠哪裡受傷呢？

(A)腳趾

(B)嘴唇

(C)耳朵

超麻辣！大剖析 Answers

A 愛情弱點：心太軟

當斷不斷必受其亂。當妳遇到小三的時候，妳的這個致命弱點就充分暴露出來了。一旦妳不能給小三致命一擊，讓她留有活口，絕地反擊的往往就是小三，而最終的失敗者一定是妳。記住，成者為王敗者寇這個道理在任何戰場上都適用。

B 愛情弱點：記性太好

妳清楚記得每一次吵架時，他說過的所有氣話，其中包括討厭妳的、埋怨妳的甚至是詛咒妳的話。這麼多的負面記憶填在妳的腦海裡，無論走到哪裡都有可能從妳的大腦裡面跑出來一點點，讓妳發飆，這樣會讓妳的形象大打折扣。

C 愛情弱點：太單純

在愛情中，單純並不是什麼好詞，特別是當妳的戀人這麼形容妳的時候，妳就要格外小心了，百分之八十他有可能利用了妳的這一項弱點做了什麼對不起妳的事情，所以每當他這麼誇妳的時候，妳一定要對他多加觀察和留意了。

Topic 39

戀愛時妳易墜入哪種陷阱？

「戀愛有風險，用情需謹慎」這十字真言請牢記心中。但是人往往是感情占上風的生物，一旦喜歡上，或者被甜言蜜語、糖衣所包圍，妳的抵抗力、主見也會跟著變弱，更有可能掉進某些戀愛的陷阱之中，讓自己輸得徹底。

那麼，戀愛中的妳最容易誤踏哪種陷阱呢？測試一下！

某一天妳來到了奇幻世界，妳希望和誰做朋友？

(A)花仙子

(B)水妖

(C)風神

(D)樹靈

超麻辣！大剖析 Answers

A　妳單純天真，相信並嚮往一切美好的事物，因此在戀愛時最容易掉進對方「甜言蜜語」的陷阱中。

B　妳容易悲觀，對每一段感情都無法信任，常常幻想一個

悲劇的結局，因此妳戀愛時最應該提防「自我催眠」的陷阱。

C　妳個性自由散漫，不喜歡受到約束，戀愛時最喜歡「互不干涉」，但要小心這是個陷阱，對方也許已經移情別戀。

D　妳忠誠專一的愛情態度會令妳在戀愛時過於執迷，妳最容易掉進「從一而終」的陷阱，即使明白對方並非善意，也依然願意犧牲自己成全對方。

Chapter 3

他的心裡有沒有妳

真正幸福的愛情，兩個相愛的人必須真心相待。可是，總有一些視愛情如兒戲、不認真對待的人。有哪個女生想把時間浪費在沒有結果的虛偽愛情呢？

他心裡到底有沒有妳？

對於已經確立戀愛關係或者步入婚姻的妳來說，隨著時間的流逝，妳是不是會問自己：他心裡到底還有沒有我呢？我們的關係還一如從前嗎？我還是他心中的唯一嗎？如果妳對自己沒有信心，不能判斷妳在他心中的位置，就做做以下的測試吧！

請依照現在的直覺，從「新、手、上、路」四字中任選一字，來預測他的心裡有沒有妳？

(A)手

(B)路

(C)上

(D)新

超麻辣！大剖析 Answers

A 「手」意味著攜手連心、合掌崇拜。手是攜手，手掌合在一起，表示戀人對妳非常崇拜，他心中有妳的存在。

B 「路」意味著距離疏遠、各自跑開。路拆開來是個人的

腳，各跑各的，對方心中沒有妳的存在。

C 「上」意味著比翼一半、連枝不偕。上是「比」翼的一半，和「諧」也只有一半，表示對方心中沒有妳的存在。

D 「新」意味著一見便親、思念越近。新是「親」的開始「近」的結束，表示對方的心中跟妳親近，因此他的心裡有妳的存在。

他對妳是否真心？

盧情假意在情場上並不少見，一些人為了某些利益或其他原因跟自己並不喜歡的人在一起。但大部分的情況下，女生還是希望得到戀人真心的愛。

我們希望留在自己身邊的人是對自己最好的，是從內心喜歡自己的人。如果妳想確定他是不是真心對妳，測試一下吧！

清晨，你們並肩漫步在街上，忽然迎面走來一個路人，想從你們中間經過，那一刻，妳的他會——

（他這一刹那的直覺反應，完全可以看出他對妳是否真心。）

(A) 拉遠兩人的距離，讓人從你們中間經過。

(B) 靠近妳，讓人從他那邊經過。

(C) 把妳拉近，讓人從妳那邊經過。

超麻辣！大剖析
Answers

A 他似乎並不在乎妳，可能他本來就是個冷漠的人，極為自我，自身以外的人或事，他都漠不關心。但若他是個對愛情執著的人，這舉動表示他想離開妳。

　　B　　他是個溫柔又體貼的人，縱然妳撒嬌、任性且霸道，他都甘心為妳照單全收，只會說一句：「如果妳放輕鬆，一定會更好。」但若他本身是個沒有骨氣的人，那他就不太可靠了。

　　C　　他是個典型的大男人，占有慾強，和他談心很沒趣。他每次講得興高采烈時，都會忘記妳的感受和存在。但他想保護妳的意識，卻比常人高一倍。

Topic 42　他真的喜歡妳嗎？

　　任何一段感情的開始，大概都是在「我猜、我猜、我猜猜猜」的遊戲中展開的。男女主角好像在一個黑暗的密室中蒙著雙眼互相追逐，問題的關鍵是，他想碰到妳嗎？他願意和妳搭訕嗎？他到底喜不喜歡妳呢？

(1)如果他是一個扒竊新手，第一次偷竊任務要在火車站附近下手，妳認為他會挑選下面哪一個為下手對象呢？

　　(A)富婆→(2)

　　(B)外地人→(3)

(2)如果他知道他愛的人還愛著前男友，而且他已經從朋友那裡聽說她前男友即將回來了，他明明知道他自己沒機會了，他會怎麼做？

　　(A)去跟他的前男友競爭→(4)

　　(B)尊重她的選擇→(6)

(3)他認為下列哪個原因是現在離婚率高的罪魁禍首呢？

　　(A)學校沒有宣導相關教育→(7)

　　(B)雙方不懂得珍惜→(6)

(4)假如妳有一個博士學位，他能接受嗎？

(A)可以→(7)

(B)不可以→(8)

(5)在和相親對象見了第一次面之後，他能不能立刻感覺得到對方喜不喜歡他呢？

　　(A)他比較麻木，應該感覺不到→(11)

　　(B)通常可以，從對方對自己態度中看出來→(10)

(6)爸爸45歲，兒子21歲，如果父子兩人同時愛上一個女人，他認為該怎麼辦呢？

　　(A)讓給爸爸，因為爸爸老了→(7)

　　(B)讓給兒子，兒子更需要愛情的關懷→(5)

(7)假如他經常能在大街上看見這樣一個人——週一到週五的白天總是在大街上閒逛，晚上倒是很少會看見那個人。他認為此人為什麼總在大街上閒逛呢？

　　(A)失業→(8)

　　(B)他是做晚班工作→(5)

(8)他身分證上的照片照得如何，他喜不喜歡？

　　(A)非常喜歡→(9)

　　(B)非常討厭→(11)

(9)每個星期一，心情都很煩躁。明明昨天還開著車和異性在外面約會，今天就要面對各項工作，還可能被老闆罵

得狗血淋頭。每週一，他都是什麼心情？

(A)勉強自己面帶笑容去上班→(14)

(B)比上墳還沉重的心情→(15)

(10)如果家裡都沒人在，他一個人的週末通常是怎麼過的？

(A)一個人在家裡看書、看電視或上網打遊戲→(13)

(B)在家做家事，把家裡收拾得一塵不染→(12)

(11)如果他現在有一個戀人，戀人生氣了，不理他，他會如何哄她呢？

(A)火速訂花，她開門拿取時從身後給她一個擁抱→(15)

(B)打掃家裡，累得滿頭大汗，祈求原諒→(13)

(12)他是不是會覺得，女人突然變心提出分手，男人如果還努力挽回她，未免太傻了點？

(A)是的，太傻了→(13)

(B)一點都不傻→(17)

(13)提款要密碼，手機有密碼，每天用的電腦也有密碼，到處都需要用到密碼。忘記密碼就好像通行證失效，無法行使某些權利。妳是如何設定妳的密碼呢？

(A)生日或自家電話號碼、身分證號碼→(16)

(B)視心情而更換或精心設計、猜不出的奇怪組合→(17)

(14)單身的時候像燕子，愛怎麼飛就怎麼飛；訂婚之後像鴿

子，能飛卻不敢飛遠；結婚之後像鴨子，想飛但已力不從心，所以一定要給自己的另一半一個溫暖的家喔！那麼妳認為現在的他是怎麼飛的呢？

(A)隨便飛→(18)

(B)飛不遠了吧，老了→(19)

(15)他認為被戀人欺騙，下面哪一個原因讓他不能原諒？

(A)婚姻史→(20)

(B)病史→(16)

(16)交通警察在馬路上亂開單，他對這個現象是怎麼看呢？

(A)他們就靠這吃飯啊，誰叫你停在不該停的地方→(D)

(B)什麼時候才能真正實現依法治理啊→(C)

(17)當有人追他，但是他又不喜歡對方的時候，他會怎樣呢？

(A)試著接受→(C)

(B)不給機會→(D)

(18)如果他是一隻即將產卵的母海龜，他會選擇將卵產在下面哪一個地方呢？

(A)人煙稀少的礁岩旁→(A)

(B)松樹底下→(B)

(19)一天，妳和他一起走在路上，有一個男人正在路邊打女人，看到這個情景，他會怎麼做？

(A)認為打女人的男人，可以直接拖去槍斃了；拿出手
機報警→(D)

(B)不管誰的錯，動手打人就是不對，前去勸架→(C)

超麻辣！大剖析 Answers

A 他對妳還是有一定好感，但是這種好感還沒有涉及到喜
不喜歡的程度，換句話說你們只是比普通朋友稍微再好那麼一點
點。他從來沒有考慮過要和妳進一步發展，如果妳想和他有新進
展，最好暗示一下他，或者主動一點，在一群朋友出去玩的時候
也約他一起，可以培養一下感情，也許會日久生情。

B 他其實是滿喜歡妳的，但是他和妳一樣，也是很靦腆，
害怕自己向妳表白之後又被妳拒絕，反而弄得今後見面更尷尬，
連做朋友的機會都變渺小。

由於沒把握妳對他的感覺，於是你們兩人就一直這樣互相猜
測，橫跨在你們之間的東西其實真的就像紙一樣薄，只要你們其
中一人輕輕捅破，你們之間的關係就明朗化了。

C 其實你們之間單獨接觸的時間並不是太長，可能現在的

他對於妳還沒有深刻的印象，除非他和妳一樣屬於一見鍾情的那種類型，否則要他對妳印象深刻真的很難。

像妳這樣花癡搬一見鍾情的性格為什麼不主動一點呢？與其在心裡猜測他到底喜不喜歡妳，不如直接拿出手機輸入簡訊：「你喜歡我不喜歡我？想不想和我談戀愛？」至於對方如何回覆妳，已經不重要了，自我陶醉在自己輕易破解的「他喜歡我、他不喜歡我」這種終極猜想的喜悅中就可以了。

D 以他的性格，如果他喜歡妳，多半早就向妳表白了，之所以現在還沒有向妳表示，大概是他對妳沒有什麼興趣吧。如果妳對這個測驗結果不太信服，不妨走到他面前去晃一晃，看他是不是把妳當空氣看待。不過即便他把妳當成空氣中的一隻小飛蟲看待，妳也不要因為自己的角色地位稍微攀升而沾沾自喜，因為對於他來說，空氣和飛蟲是一樣的。

Topic **43** 他真的會跟妳廝守到老嗎?

最美滿的愛情莫過於——當頭髮白了的時候還牽手看夕陽,那醉人的天長地久。年輕的妳想知道妳愛的男人打算與妳共度一生嗎?回憶一下他第一次為妳慶祝生日的情形。此測試可以幫助妳推測妳愛的人能不能跟妳相守到老。

他第一次為妳慶祝生日時,他費盡心思為妳準備的生日禮物,更接近於下列哪一項呢?

(A)稱心如意的首飾,例如精緻的戒指

(B)精心挑選的時尚服裝

(C)生日蛋糕、絢麗的花

(D)別出心裁的小旅行

超麻辣! 大剖析 Answers

A 妳可以完全放心,妳的他是個富有責任感的男人,對談戀愛鄭重其事。在他心裡,已經把妳當作可以陪他走過一生的另一伴侶。他是個溫柔、體貼、善解人意的男人。

安下心來,好好愛他吧!

B　妳的他雖然在愛情中表現得積極主動，但談到婚姻這件事，為時尚早；相反，在這種男性心中，婚姻和戀愛是不能混為一談的，即使他真的很愛妳，也不會預備現在就步入結婚禮堂。妳該為自己做打算了，設法拴住他，還是忍痛割愛，抑或就繼續這麼這下去，妳自己決定吧。

C　妳面對的他一定是個經歷豐富、心思縝密的情場高手，單純的妳還是該多長個心眼比較好。妳的戀人是個不喜歡愛情有任何約束與壓力的人。

D　他可是有點危險的男友，這種男人思想比較「先進」，他對愛的追求，絕不僅限於精神方面。最好當心些！

Topic 44　你們結婚機率有多大？

　　眼看著年紀一天比一天大，誰也不想在愛情馬拉松上耗太多的時間，步入紅地毯的那端是戀人們最迫切的心願。可是，妳的戀人真的想和妳結婚嗎？

(1) 人多的時候，進入電梯裡妳通常是怎麼站著？

　　面對電梯門站在最裡面→(2)

　　站在側面→(3)

(2) 妳的戀人會游泳嗎？

　　不會→(3)

　　會→(4)

(3) 如果遇到某件事情，妳的戀人想要逃避，他會去哪裡？

　　天涯海角→(4)

　　避開人群→(6)

(4) 如果將來妳學車，妳會給教練送禮嗎？

　　不送，全靠自己的本事過關→(7)

　　送，怕他不好好教我→(5)

(5) 如果讓妳必須學一項國粹，妳會選擇什麼？

　　京劇→(6)

古典樂器→(9)

(6)當周圍的人做某一件事情總是做不好的時候，妳的戀人
會替別人著急嗎？

會替別人著急，雖然此事和他無關→(7)

一般般，會操點心→(8)

(7)妳認為參加朋友婚禮，紅包大概包多少錢就可以了？

1600元→(8)

2600元→(11)

(8)計程車司機和公車司機，妳感覺誰技術比較好一些？

公車司機→(12)

計程車司機→(9)

(9)無聊的時候妳的戀人通常會做什麼？

聽歌→(12)

聊天→(10)

(10)妳覺得「笑嘻嘻」和「笑瞇瞇」哪個形象更正派些？

笑瞇瞇→(11)

笑嘻嘻→(13)

(11)妳喜歡的人出國了，妳會等他嗎？

會，海枯石爛心不變→(13)

不會，人心是會變的→(12)

(12)假如真的有世界末日，妳覺得應該是什麼原因導致的？

　　地震、海嘯、火山爆發等天然災害→(19)

　　隕石墜落，與地球相撞→(13)

(13)下面哪一個是妳覺得最傷不起的事情？

　　花了7小時完成的企劃案，在儲存時當機了→(14)

　　寒流時在公車站牌等了2小時，才發現改線路了→(16)

(14)假如未來你們結婚之後，老公小氣地竟然提出妳每買兩

　　件衣服必須買給他一件，妳會怎麼做？

　　幫他買，忍辱負重→(15)

　　離婚，這麼吝嗇的男人不能要→(17)

(15)回想一下，三年來，妳唯一沒有改變的是什麼東西？

　　理想→(16)

　　愛情→(20)

(16)當不熟的人向妳的戀人借錢時，他會有什麼反應？

　　很不高興→(17)

　　還好→(18)

(17)很久很久以前，山王的女兒烏瑪愛上了希瓦神。傍晚的

　　時候，烏瑪來到希瓦的神廟中，獻上鮮花和水果。晚禱

　　的鐘聲在天邊響起，一陣輕風拂過她的臉龐。希瓦的聲

　　音悄悄在烏瑪耳邊說道──

人和神是不可以結合的→(A)

妳是真心愛我嗎？那麼，證明給我看吧→(C)

(18)當感情和金錢大決戰的時候，妳會怎麼選擇？

不提感情的事，傷錢→(19)

不提錢的事，傷感情→(20)

(19)只要有愛，人就能感受到幸福。那麼妳感受到了嗎？

感受到了→(D)

沒有感受到→(C)

(20)現在的他最在乎的是什麼？

家庭→(E)

工作→(B)

超麻辣！大剖析 Answers

A 結婚機率10%

説實話，他的玩心還是比較大。他認為，老婆就是和自己媽媽是同樣角色，天天嘮叨，24小時都有奪命連環call，他還不想過早地把自己捲入婚姻的漩渦中。

他覺得30歲還小，35歲也不大。如果讓他以結婚為前提戀愛，他多半會閃人。

B 結婚機率20%

很遺憾，妳的他幾乎是從來沒有想過這麼嚴肅、深沉的問題，每當妳逼問他的時候，他多半會顧左右而言他，不願意正面回應這個問題。那麼，就多給他一些時間吧，反正不和妳結婚是他的損失！

C 結婚機率40%

目前妳對他來說，妳還在他的考察階段。

也許你們之間接觸的時間不是太長，也許他是一個比較小心謹慎的人，總之這一段時間妳要好好表現，等試用期過了，一切就大功告成了。

D 結婚機率60%

妳就是他心目中的女神，自從遇見了妳，他以前固守的信仰全部都瓦解了，將會重新構築以妳為中心的新信仰體系，對妳說的話言聽計從。

如果有天女神玩夠了單身生活，想結婚定下來了，他一定會奉陪到底的。

E **結婚機率80%**

有人說：「一切不以結婚為前提的戀愛都是耍流氓。」基於這一點，他還是抱著比較端正的態度和妳談戀愛的。

不過目前他對妳還在考察和考驗階段，究竟你們之間能不能修成正果，就看你們之間的緣分有多深了。

Topic 45 他的心在妳還是她身上？

　　戀愛中的人是矛盾的，如果妳一不小心陷進了多角戀情，面對著無數情敵，雖然妳的心是堅定不移的，可是總免不了要傷神費心思啊！究竟他是愛妳多一點，還是更疼她多一些？如果妳感覺他更愛她多一些，那就趕緊踩煞車吧。

(1)他有跟妳示意過，説他喜歡妳嗎？

　　有→(2)

　　沒有→(3)

(2)他是一個私生活十分混亂的人嗎？

　　是的→(3)

　　不是→(4)

(3)他跟妳提起過他的前幾次戀情嗎？

　　有→(4)

　　沒有→(5)

(4)妳跟他在一起的時候，妳會注意到他身體哪個地方？

　　背→(5)

　　眼睛→(6)

　　嘴巴→(7)

整張臉→(8)

(5)你們兩人去看過電影嗎？

有→(6)

沒有→(7)

(6)他是一個愛乾淨的人嗎？

是的→(9)

不是→(10)

(7)跟他在一起的時候，他總是心不在焉？

是的→(8)

不是→(9)

(8)妳經常反悔嗎？

是的→(10)

不是→(11)

(9)跟他在一起的時候，妳會有自卑感嗎？

不會→(11)

會→(12)

(10)妳是一個敢於迎接挑戰的人嗎？

是的→(13)

不是→(12)

(11)如果他主動約妳出去，通常會約在哪裡？

公園等公共場所→(12)

餐廳吃飯→(13)

看電影→(A)

(12)他喜歡看什麼類型的電影？

動作戰爭片→(15)

愛情文藝片→(C)

偵探推理片→(14)

不清楚→(B)

(13)情人節他會送妳什麼樣的禮物？

玫瑰或巧克力→(14)

其他禮物→(D)

沒送過→(15)

(14)妳覺得下面哪件小禮物相對而言最適合他？

書籍→(16)

懷錶→(17)

工藝品→(C)

(15)妳發的簡訊，他的回覆一般是——

回覆迅速→(A)

回覆較簡短→(16)

總是不回→(E)

（16）妳有情敵這件事情，妳是如何得知的？

　　　他主動説的→（17）

　　　別人告訴的→（B）

　　　自己發現的→（D）

（17）他經常跟妳開一些玩笑嗎？

　　　是的→（E）

　　　不是→（A）

超麻辣！大剖析 Answers

　A　毫無疑問，妳已經準確無誤地抓住了他的心

　　即使你們的感情路中，半路殺出一個程咬金，這個程咬金也許會危及妳的幸福，不得不使妳展開戒備，但是妳也完全不用擔心，因為妳身邊的這個男人是完全不會受第三人的影響。他是一個不輕易説出喜歡的人，説出來了就是經過深思熟慮的，他的感情來得如此執著與堅定，一旦認定了就不會輕易更改，被這樣的人喜歡並保護著，妳就放心的睡大覺吧！如果因此而心生懷疑，甚至做出不恰當的舉動，反而容易毀掉你們感情的根基。

　B　他已經移情別戀

雖然妳不敢相信，認為自己魅力並不輸於情敵，可是感情的事情誰也說不準，有時候感覺來了就像洪水一樣擋也擋不住，又如潮水般退走了也是在常理之中。雖然要妳放開他，就像是叫他放開妳的情敵一樣難以割捨，但是又有什麼辦法？畢竟死纏爛打從來不是最佳選擇，雖然這看起來很殘酷，但是長痛不如短痛，與其把自己沉溺於不可自拔的傷痛之中，不如大方地祝福他們，或許哪天能出現柳暗花明又一村的奇蹟呢！不過再怎麼說，妳也不是一個會吃回頭草的人，即使他們不能在一起，妳也不再會接受這個男人了。

C 在妳與她之間搖擺不定

　　妳不得不承認深深愛著的人，竟然是一個搖擺不定的人，或許他是因為心地善良，害怕無論選擇了哪一方，都會令另一個人受傷。其實他會選擇困難，只是因為他連自己的心都看不清楚，又如何談論他的心思在誰身上？對於這樣的人，或許放開雙手放任自流比較合適，因為給他一定的時間，他或許會明白自己究竟喜歡的是誰。如果是妳，那自然開心，而如果是妳的情敵，那麼也不用太過悲傷，因為即使妳把他抓得緊緊的，不給他任何沉澱、思考的機會，妳最終也不會得到幸福。

D 再努力一下，把他拉過來！

如何解釋他企圖移情別戀呢？或許用「人之常情」來解釋並不為過，畢竟這個世界上被幾個人同時愛著，自己的心並不是石頭，誰都有心動的時候。不過雖然他也曾在情敵的身上受到一點誘惑，進而心裡開始動搖對妳的感情，在二者之間糾結，不知道該選擇誰。但是不用太過於擔心，因為整體來說，他的心更靠近妳多一些，如果妳不是大發醋意，大吵大鬧，而是好好地溫柔地拉他一把，給他一些信心同時也給自己一點機會，最終妳還是可以完全贏回他的心。

E 不在任何人的身上

不知道該如何形容他對妳的這種感情，他的心思是如此難以猜測，一舉一動都讓人看不清楚，所以妳常常會在猜想之中抓狂不已，而詢問時對方的態度卻是不以為然地雲淡風輕。沒有辦法，他其實誰也不愛，他之所以擺出一副遊戲人間的無所謂態度，是因為這是他心的選擇。因為他誰也不愛，所以如果妳可以放手，還是放手吧。當然，如果妳是抱著自己得不到、別人也休想得到的心理來與情敵對抗，那麼或者到最後兩敗俱傷的結局，也沒有什麼值得開心的。

Topic 46 他的山盟海誓真的可信嗎？

熱戀中的人總是喜歡山盟海誓。可是，愛情並不會因為有了山盟海誓而獲得終身保固。看看戀人的真心度測試，了解他對妳的真實感情吧！

你們逛街時，當妳盯著一個長得好看的男性看時，他會如何表現？

(A)狠瞪著妳說：「再看就要處罰妳了！」

(B)將妳的頭轉過來對著他

(C)默不作聲，生氣地走開

(D)問妳：「難道覺得我不夠好嗎？」

超麻辣！大剖析 Answers

A 可信程度40％

他對感情的轉變速度較快，想讓他對待愛情一生一世不變心，似乎並不容易，但要他立下愛的誓言卻一點都不難。對他來說，情即是誓，只要有情，他立誓的時候會非常的爽快，且會遵守諾言。可是一旦不愛了，便會翻臉不認帳。

B 可信程度90％

當妳要他發誓時，他多半會說發誓有什麼用，真正愛一個人時只要用行動表示就好。妳可以說他過於現實，說他不浪漫，可是他真的是很慎重地對待你們的感情。當他還沒準備好時，他不想用誓言欺騙妳；只有當他真的想和妳長相廝守時，才會立下山盟海誓。遇到這麼實際的人，其實也是一種福氣，因為他真實！

C 可信程度10％

他在戀愛中喜歡掌握戀愛的主導權，有時候更不惜做些愛情假帳，立下天打雷劈的誓言，卻多數言不由衷，只是把發誓作為追求的手段或維繫感情的方式，但妳也得相信他並不會藉此欺騙妳的感情。雖然他不珍惜誓言，但他會珍惜妳的感情。

D 可信程度60％

他不會有預謀地向心上人立下山盟海誓，雖然有海枯石爛之情，至死不渝之意，也只會埋藏在心中。發誓的衝動只會因為感受到妳的愛意後，而激起遵守誓言的決心。不過，由於他行動力不足，答應的事卻兌現不了也常會發生。不過值得提醒的是，別將他逼太緊，其實他心裡真的有想滿足妳的意願。

Topic 47　在戀人心中妳的分量

很多戀愛或者婚姻中的男女最想知道也是最大的疑問——自己在對方心中的分量。現在妳不用帶著疑問失眠了，此測試即將為妳解答。

放鬆心情，深呼吸——

由下列臺灣著名小吃中，選擇一道妳最愛的？

(A) 炭烤胡椒餅

(B) 傳統臭豆腐

(C) 無骨雞腳凍

(D) 香酥炸雞排

(E) 香辣烤魷魚

超麻辣！大剖析 Answers

A　重達46兩

妳的個性比較強勢，尤其非常在意自己在戀人心目中的地位，妳是一個性格剛烈又愛面子的人，無論是在戀愛或是婚姻中，妳只能允許自己是對方心目中的唯一，如果他是個花心大蘿

葡,妳會跟他沒完沒了。這個美食也暗示,他個性比較害羞不懂得表達自己的心意。不過妳大可放心,妳是他的最愛,妳在他心中占據的比重也是最大的。

B 重達36兩

妳的個性比較無理取鬧,有時候會耍一點小姐脾氣。妳在感情或是婚姻中,為了要引起對方的注意或是關心,往往不是透過理性溝通而是藉由發脾氣或是鬧情緒。

妳選擇這個選項也表示,妳這種藉由冷戰、情緒化反應,引起戀人對妳的關愛與疼愛,也許第一次、第二次會成功,如果妳得了便宜還賣乖,不知道珍惜雙方的情分,小心適得其反,最後戀人索性不理妳。

C 重達56兩

妳的個性比較愛撒嬌,也比較膽小怕事,這種凡事都不擅長、屬於生活白癡型的個性,戀人一定會最疼愛照顧妳。因為跟妳相處時戀人會覺得自己有責任照顧妳。

妳是一個渴望被照顧、被呵護的人,如果戀人對妳的愛無法與日俱增,基本上妳會非常傷心難過。在戀愛或婚姻中妳最厲害的武器就是妳的眼淚,只要妳一哭,幾乎沒有達不到的事情。

D 重達26兩

妳的個性比較獨立，生活上也比較會自己照顧自己，在職場上無可避免地成為一個帶領大家努力工作的領導者。由於妳在職場上被賦予許多責任與壓力，因此工作發展才是妳的重心，愛情的經營常常被妳忽視。

妳是一個會隱藏自己情緒的人，因為妳的工作與職務讓妳常常必須掩飾自己對感情的脆弱。也許妳內心很希望被照顧關心，但是妳卻常常顯示出一副「沒關係，我可以」的堅強態度。因此在戀人心目中，妳的重要性，可能有點薄弱。

E 重達16兩

妳的個性反復不定，愛吵架也比較固執。在感情世界中，也許妳一開始可以保持完美、貼心的形象，可是只要雙方有爭執，或是妳發現他不是妳的最愛，或是彼此的關係出現第三者的戀愛危機，基本上就會演變成「各玩各的」戀愛遊戲。

妳是一個擅於偽裝感情的人，戀愛對妳來說，比較像是達成目的的工具和手段。由於妳談戀愛缺乏一顆真摯之心，小心妳在戀人心目的重要性是相當不足的。

Topic
48

他到底愛不愛妳？

　　也許妳正在感情的漩渦中掙扎，不知道何時應該往前一步；
也許你們兩人惺惺相惜，卻都不知道未來會帶給你們什麼。

　　進入測試，看看你們之間到底有沒有相愛的緣分吧！

　　選(A)得1分，(B)得2分，(C)得3分。

(1)見面的時候，妳是怎樣稱呼他？

　　(A)直呼全名

　　(B)只叫名字

　　(C)親暱的稱呼

(2)在過去的時間裡，你們互通電話，誰先打電話的次數多？

　　(A)妳先打過去較多

　　(B)大致相同

　　(C)他先打過來較多

(3)你們一起拍的照片，雙方都擁有嗎？

　　(A)從來沒有

　　(B)我有，但他可能沒有

　　(C)兩人都有

(4)你們散步時，無意中會手牽手或碰觸肩膀？

(A)沒有

(B)我有此意，但他並不樂意

(C)有的

(5)你們本來約好見面，但他無故失約，有這樣的情況嗎？

(A)他失約了，但滿不在乎

(B)有時有，但他是有事在身，不得已

(C)沒有

(6)你們一起外出時，服裝方面會注意搭配諧調嗎？

(A)不會

(B)有時會

(C)會刻意追求諧調

(7)妳有沒有向自己的父母或兄弟姊妹介紹過他，並一同用餐？

(A)沒有

(B)時間上配合不了

(C)介紹過

(8)你們有沒有約會到夜深人靜的時候？

(A)沒有

(B)最近沒有，以前經常有

(C)有的

(9)你們去餐廳時，結帳付款的是誰？

　(A)各自付一半

　(B)我自己

　(C)都是他

(10)你們約會的場所通常在什麼地方？

　(A)鬧區

　(B)富有浪漫情調的咖啡店

　(C)環境優美的公園

超麻辣！大剖析 Answers

15分以下

　　他可能已經另有所愛，心裡想的不是妳。因此他一直避開妳，不願意跟妳單獨相處，你們或許經常接觸，但總是話不投機，毫無親切感。既然如此，妳就不必為他再費心思了，趁早放棄他，是妳最明智的選擇。

15～25分

　　講白一點，妳是在單相思，是一面倒的愛戀而已。無論妳向他表達多大的熱情，他只是對妳有好感，就像一般的異性朋友關

係一樣，還未發展到成為戀人的程度。你們的關係發展下去會有什麼結果尚難預料，全憑妳是否努力使自己變成吸引他的目標。

25分以上

他時常在想念妳，遠遠超過妳向他所表示的愛意。他不希望離開妳，更希望妳會對他甜言蜜語。可惜的是，你們見面時卻又無從說起，無法公開表白對對方的愛情。所以，請妳勇敢一點！

Topic 49

他對妳是真心的嗎？

在戀愛中的妳，肯定想知道對方對妳是否真心。透過下面的測試可以看出他對妳是真情付出，還是逢場作戲，很準喔！

在舞會中，妳認識了一個不錯的男孩，還答應了他的邀約。今天就是約會的日子，心中雖然覺得很快樂卻又似乎有些緊張，你們先一起看了電影，看完電影後，你們走進一家高級的餐廳用餐。在浪漫的氣氛下，他突然告訴妳：「妳比我想像的還要迷人。」妳害羞地躲避他的目光，視線剛好停留在他的領帶上。這時候，妳覺得會看到他戴著哪種樣式的領帶呢？

(A) 素色

(B) 大條紋

(C) 斜紋

(D) 只有一個小標誌

超麻辣！大剖析 Answers

A　總有一天合得來，他對你們之間的這段感情相當的認真

151

專注，會毫不保留地傾注所有的愛。在初識時，他會很仔細地觀察妳究竟是怎樣的人，因為有些許的懷疑之心，所以交往時會顯得較為乏味。不過，隨著交往加深，你們將會處得越來越好。

B　戀愛只是遊戲，很遺憾的是，他對這段感情抱著玩玩的心態。在剛交往時，他會試探妳的態度是否認真，以決定日後的做法。當然，你們這段戀情並不是沒有發展的可能，只是風險稍微高了些，建議妳對他的態度可以裝得冷漠一些。

C　細水長流才穩固，他希望和妳保持著朋友般的穩定關係，有如炭火般的保持熱度，而非熊熊烈火般的熱戀，或許妳對他越積極，他就越逃避妳，所以妳不妨略微壓抑自己的熱情，和他和平地相處，這樣你們應該能交往的很長久。

D　妳是他的巧克力，他已經把妳當作是自己的一部分了，雖然還沒有達到論及婚嫁的階段，但他確實已經不能沒有妳了。如果你們還只是初相識，妳在他心中一定占著及重的分量，不過他可能不太敢向妳表達，所以妳不妨試著主動一些。

Topic 50 他會對妳寵愛有加嗎？

　　身為女生，也許妳認為妳有約會遲到的權利。所以，在約會時，妳並非是在意時間的人，妳總是以妳的步調做著事情，不管讓對方等多久都絲毫沒有愧疚。可是，這也許是個危險信號，因為如果碰到某些男人，這種行為是不被允許的。

　　妳和他約好了在咖啡廳見面，妳卻遲到了20分鐘，匆匆忙忙地趕赴咖啡廳，妳想他是以什麼樣的姿態在等妳呢？

(A)以手托腮

(B)雙手交叉在胸前

(C)一隻手握住另一隻手的手腕

(D)雙手插口袋

超麻辣！大剖析 Answers

A 會轉移注意力

　　感覺無聊的時候常常都會以手托腮、漫無目的地觀察周圍。不過這個小動作只顯示他的無聊，並不表示他的不耐煩。可見他還是挺有耐心的，而且也很重視妳在他心中的地位。

B 大男人傾向

他雙手交叉其實已經感到不耐煩了。在那一刻，他是想責備妳的，雖然見到妳之後，他可能會為了維持風度而什麼都不說。他有點大男人主義的傾向，也就是說，妳要小心，他基本上是個頑固的人。

C 優柔寡斷

這樣的身體動作在男生中不多見。這代表他是一個溫柔的人，感情豐富，而且很能忍耐。他很重視妳的意見，甚至很多事都要由妳來做決定，他會有些優柔寡斷，這當然也跟他容易意氣用事有關。

D 視情況而定

他是有原則的人，在工作上他可以很有耐性去處理繁瑣的事，一板一眼的。可是對於不守時這件事，他的耐性很低，妳最好別輕易挑戰他的耐性，不然真的惹毛了他，他可是會劈里啪啦地教訓妳一頓！不過，放心，這並不代表他不重視妳。

戀愛時妳的模樣

　　每個戀愛中的人都會有所變化。有的人會在戀愛過程中凸顯出嫉妒心理，有的人容易變心，有的人卻是單相思……戀愛中呈現出的狀態太多了，那麼妳在戀愛時會變成什麼樣子呢？

Topic 51 妳會不會舊情復燃？

　　愛情，合合分分，聚散無常。同是有情人，有時面對感情的破裂或意外的壓力，卻不得不選擇分手。

　　雖然兩個人已各奔東西，但往日的那份柔情卻常留心底，時常勾起傷心的回憶。但是，這就命已注定了嗎？其實不然。

　　也許機緣巧合，兩個人再次出現在彼此的視野中——假如妳遇到這種情況，妳平靜已久的心湖再度泛起漣漪之際，是接受還是拒絕？

　　下列圖形，根據妳的選擇，可以窺探妳真正的心意，幫助妳做出明智的決斷。

(A) 三角形物體

(B) 方形物體

(C) 圓形物體

(D) 圓柱形物體

超麻辣！大剖析 Answers

　　A　其實，妳的心底泛起的，不是對他的愛，而是對舊日情

懷的依戀，這說明妳對他不再有任何感覺，即使能暫時和他在一起，你們仍免不了重蹈覆轍，還是別自欺欺人了。

要當心的是，對方完全有可能是故意設下一個溫柔的陷阱，企圖打動妳的心，擾亂妳的生活步調。

妳千萬不要濫施同情心，一旦再次陷入對方的圈套，付出的代價可就大了，妳不該好馬又吃回頭草的——不管他是真的也好，假的也罷。

　B　妳心中仍對他存有愛意，甚至妳早已後悔當初和他分手。如今既然他出現在妳面前，對方也是心懷舊情，你們重修舊好的希望甚大！儘管當初分手，有錯的一方在妳，但是他仍然如此依戀於妳，表示妳具有無限魅力，令對方欲罷不能。

不過，在今後的日子裡，妳就應當小心謹慎，好好珍惜這份重回的愛。

　C　看來，妳是準備重新接納他了！雖往事不堪回首，但癡情又寬容的妳對他的愛依舊很深，而且感動於他的，相信妳會好好對待他。有了前次的教訓，妳不妨轉守為攻，在愛情上積極一點也未嘗不可。想必你們的生活會比以前更加如魚得水，真是可喜可賀！

D 首先可以肯定的是，你們從前的分手，絕對不是雙方都願意的；或許，沒有他的這段日子，只是老天對你們雙方的考驗而已。現在破鏡即將重圓，你們牽手的時間也快了！

還有，妳的親友們已聽夠了你們冗長的愛情故事，最好還是早日選擇佳期步入婚姻，別再拖拖拉拉為妙，妳說是吧？

情場上，妳的賭性如何？

情場上的「賭」有好幾種，有的是輸得慘兮兮，照樣捨不得離場，繼續再賭下一場；有的是不賭則已，一賭就要把一輩子的幸福全盤押下；有的賭贏了，念念不忘贏的滋味，還想大膽地再去賭一局。妳的情場賭性如何？不妨做個測驗吧。

當妳寫情書時，最後的結語妳想寫——

(A)我無時無刻不在想著你

(B)今生今世你是我的最愛

(C)但願每天都能陪在你身邊

(D)千言萬語難以傾訴我的愛

超麻辣！大剖析
Answers

A　妳可能是個快手下注的人，鎖定好目標就賭下去，要是輸了，很快就尋找下一場來賭。

B　妳不太敢賭，因為妳怕輸，可是萬一隨著交往時日的累積而決定一賭，就會一把下注得很大。

C 妳的賭性有韌性，不到最後勝負底牌的分曉，絕不輕言半途而廢，還好不會一下子賭太大。

D 妳往往會先衡量勝算的機率有多大，再來斟酌應該下多大的注，不會一賭上就頭昏腦脹。

Topic 53　妳的愛情狀態

妳認為酒和愛情有關嗎？也許妳會笑，酒只能跟豪爽搭上邊，跟愛情又有什麼關係呢？

根據測驗，可以從妳選擇的酒品中預測出妳在戀愛裡會是什麼狀態，所以趕緊來選擇吧！

深夜，在酒吧的吧台前，年輕男女喝著雞尾酒。猜猜看他們正在喝什麼酒？

(A)美麗的紅色基爾酒。

(B)神祕的藍色藍帶吉利。

(C)光豔的黃色貴婦人酒。

超麻辣！大剖析 Answers

A　完全投入型

妳絕對不喜歡無趣的人，而這一點反而成為妳的危險因素。即使妳平時是慎重的人，一旦喜歡上一個人就會全心投入，甚至為了他，一切都可以拋棄。不管周圍的人怎麼勸妳，妳都煞不住。這樣的人一旦做出傻事，恐怕會是非常悲劇的結局。

B 陶醉型

妳容易陶醉在甜美的氣氛中，為戀而戀。一旦戀愛，就會心馳神往，心中充滿不切實際、甜蜜的渴望。特別是女性，總是做浪漫的夢。若是男性，則有點愛慕虛榮，先入為主地有一種「戀愛應該是這樣」的幻想，有時會使對方為難。

C 自我抑制型

妳的情形是，喜歡上一個人，而且很快被他吸引，但之後會不知不覺地開始冷靜地看待對方。妳的性格現實而不太浪漫，但這並不代表妳不喜歡他。妳對異性的戒心過強，對方一靠近妳，妳反而疏遠他。妳應該調整好自己的情緒，感覺喜歡就應相信自己的心，並展開攻勢，要有勇氣把自己的熱情表現出來。

Topic 54

戀人變心妳會怎麼樣？

如果戀人變心了，妳會怎樣呢？是平靜地接受，還是拚命一搏？是默默忍受，還是傷害自己和對方？是還能和對方做朋友，還是恨之入骨呢？妳也許還沒想過這個問題吧。

請問他的哪種眼神會讓妳愛上他？

(A) 純情又單純的眼神

(B) 有一點壞、酷酷的眼神

(C) 崇拜妳，視妳為偶像的眼神

(D) 挑逗妳、迷戀妳的眼神

(E) 看妳看到發呆的眼神

超麻辣！大剖析 Answers

A 妳會因為戀人讚美別的異性，或是和舊戀人聯絡而打破醋罈子。如果戀人真的移情別戀，妳根本無法忍受，而且妳在嫉妒心發作後，不僅憎恨戀人的背叛，更討厭與戀人有關聯的其他異性。建議妳把握好忌妒的界線，不要輕易超越，因為那樣只會傷害妳自己。

B　妳在妒忌心發作時會做出一些可怕的事，事後連妳自己也覺得不可思議。妳無法忍受戀人變心，因而很容易做出許多衝動的事來傷害自己和對方。切記感情是不能勉強的，放過戀人也等於放過妳自己。

C　妳的妒忌心不太強，因為妳有很強的自戀傾向，所以當戀人移情別戀，剛開始妳可能會傷心難過，但會在最短的時間內讓自己重新振作，努力散發出自己的魅力和電力，然後再找一個適合自己的意中人。

D　當戀人移情別戀，妳那「蠢蠢欲動」的心會讓妳忘掉對方帶給妳的痛苦，而以最快的速度去發展一段新戀情。妳覺得對方移情別戀已經讓妳很沒面子，若還要為此傷心難過，那真是天下最無聊的事情，還不如再次享受戀愛的甜蜜滋味呢！

E　當得知戀人背叛妳，妳那慢半拍的反應會讓傷害降到最低限度。妳最好選擇離開一陣子，去旅行或是換個工作，也可多交一些新朋友，這些都能令妳的生活有所改變，妳也不會再去鑽牛角尖了。

Topic 55 妳在戀愛中的態度

每個人在戀愛過程中所持有的態度和所表現的行為是千差萬別。對下列問題做出「是」或「否」的回答，以便從中發現妳自己在戀愛中的態度。

計分標準：請統計回答「是」的數目。

1. 相對於冷色系的顏色來說，妳更喜歡暖色系。

2. 是急性子的人。

3. 不愛聽別人的意見。

4. 經常換髮型。

5. 過去有過「腳踏兩條船」的情況，或現在正是這樣。

6. 喜歡追求刺激。

7. 到現在為止交往過的男(女)朋友不超過三個人。

8. 即使失戀了也恢復得很快。

9. 食慾經常很旺盛。

10. 上課時，就算是沒有把握也積極回答問題。

11. 有戀人後，就會以戀人為生活的中心。

12. 即使有不高興的事，睡一覺就會忘掉。

13. 能較多地考慮對方的心情。

14. 雖然機會很小，但是喜歡上了也沒有辦法。

15. 認為友情發展到愛情的機率很小。

16. 認為在與戀人的交往中，和諧相處重要。

17. 幾乎都是我向異性表白。

18. 認為「戀愛是沒有理智的」。

19. 在四個季節中最喜歡夏天。

20. 喜歡聖誕節、生日聚會等。

超麻辣！大剖析 Answers

16個以上 很積極

在戀愛中妳屬於很積極的類型。只要喜歡就勇敢地去表白，認為首先要向對方表達自己的想法，然後才能了解對方並進一步交往，所以總是表現得很積極。

11～15個 朋友的協助會增強妳的積極性

在戀愛中比較積極，但只是思想積極，在行動上卻常常望而卻步。這時，朋友的支持是很重要的，因為本來就有積極性，所以在受到幫助和鼓勵時會付諸行動。

6～10個 愛管別人的事,但一到自己身上……

妳對別人的戀愛能給出積極的、有效的建議,但是一到自己身上就變得很消極。舉個例子,朋友向妳說她的戀愛故事時,妳能給她各種建議,但對自己的戀情,即使朋友給妳提了建議,妳往往都不能接受。

5個以下 過於消極

過於消極的類型。不會向對方表白自己的愛慕之情,即使開始交往也不會主動給對方打電話,也不會表現出「喜歡」的樣子。如果總是過於消極,對方討厭妳的可能性就變很大。

妳的網戀會怎樣？

　　網戀就像盒子裡的巧克力，什麼滋味？充滿想像。在嘗了之後，有人幸福滿懷，有人遍體鱗傷。妳是最終贏得美滿，還是難免遭殃？妳是童話中的灰姑娘，還是最終悲劇收場？也許妳只能運用想像，帶著期盼和迷茫的目光。但是不用著急，透過測試，妳就會知道自己的方向。

(1)上網時間久了，妳會有怎樣的感覺？

　　(A)覺得一切越虛幻，產生了不安全的感覺，想逃離回到現實中→(2)

　　(B)更加依賴虛擬的感覺，有一種上癮的傾向，深陷不能自拔→(3)

(2)妳最害怕怎樣的處境？

　　(A)身邊沒有一個可以信任的朋友，整日孤獨寂寞→(4)

　　(B)周圍喧囂吵鬧，讓自己根本無法靜下心做事→(5)

(3)這兩種生活，妳寧願選擇哪一種？

　　(A)優越的生活條件，但妳愛的人卻不在妳身邊→(6)

　　(B)擁有妳愛的人，但是生活一貧如洗→(7)

(4)妳的戀愛經歷更傾向哪一種？

(A)愛在心頭口難開，有過暗戀的經歷→(8)

(B)愛就大膽表白，愛過也痛過→(9)

(5)妳的父母在妳心中是哪一種類型？

(A)比較開朗，可以接受年輕人的思想→(10)

(B)比較保守，總站在傳統思想的立場→(11)

(6)選擇首飾，妳會傾向選擇哪一種？

(A)晶瑩璀璨的飾品，使自己在人群中更奪目耀眼→(12)

(B)優雅精緻型，襯托得讓自己更有氣質→(13)

(7)妳更喜歡哪種風格的歌手？

(A)孫燕姿似的氣質實力派歌手→(14)

(B)王心凌似的青春偶像派歌手→(15)

(8)當現實和想像不符合，重重打擊妳後，妳通常的表現是──

(A)忍住眼淚，重新振作，打起精神投入自己的人生→(11)

(B)需要時間調整自己的心態，有時需要親友的慰藉→(13)

(9)妳是哪一種人？

(A)與其生活在現實中，不如生活在想像裡→(14)

(B)與其生活在想像裡，更願生活在現實中→(15)

(10)妳喜歡妳的網戀對象給妳的感覺是──

(A)親切、通情達理，可以幫妳解決生活中的困惑→(A)

(B)博學多才，幽默聰明，讓妳產生崇拜之情→(11)

(11)妳更喜歡哪種風格的作家？

(A)不慍不火，娓娓道來，在平靜中參透人生，以冰
　　心、張曼娟、張小嫻為代表→(B)

(B)濃墨重彩，挑剔冷眼領悟人生，以張愛玲、李碧華
　　為代表→(12)

(12)妳目前對人生的理解更傾向於哪一種？

(A)有緣則聚，無緣則散，正如一場戲→(C)

(B)任何事都是靠自己爭取才會實現，美好人生也是→(13)

(13)妳認為男人最有魅力的年齡是──

(A)年輕時，朝氣蓬勃，意氣風發→(D)

(B)中年時，事業有成，瀟灑成性→(14)

(14)和妳的網戀對象約會，妳會選擇──

(A)麥當勞、肯德基之類的人多、輕鬆氣氛的速食店→(E)

(B)咖啡館、下午茶店之類的僻靜優雅的地方→(15)

(15)妳所喝的飲料一般是──

(A)固定一個牌子，比如鍾愛可口可樂→(F)

(B)喜歡嘗試各種飲料，尤其是新上市的品牌→(G)

超麻辣！大剖析 Answers

A 朋友

從妳的潛意識來看，無論妳的網戀對象是帥哥或宅男，妳在心裡對他的人品、智慧等內在方面都已經接受。所以對方的真實形象只是可能影響你們更久以後的交往，而目前的結果即使最差也可以做朋友。但你們不可能很快發展成戀人，因為在妳的內心還有不安或者其他因素在制約妳的感情。

也許妳是一個慢熱的人，需要用更長的時間去了解對方，雖然在網路上可以相戀，但在現實中卻很矜持。

當然這也說明了妳對感情是很有責任感，如果目前妳的戀情仍停留在網路階段，那麼在現實中見面與否並不十分重要，因為無論如何，你們都是好朋友。

B 被人騙了

很不幸，妳可能被一個同性的人欺騙了。無論她是否有心，但她可能會傷害妳的感情已經差不多是事實，因為被人騙總是很難過的，尤其付出了戀愛的感情。

如果是真的，請妳一定要堅強些。也許那個人是無心的，也許還是個可以當朋友的人。最重要的是不要喪失對他人的信任感。說不定一段真正的美好網戀正朝妳走來。

C 第四類情感

這是目前很流行的一種感情，而以妳目前的潛意識狀態，妳的網戀結果很可能陷入這樣一種情感中——比友情多一點，比愛情少一點；比愛情多一點，比親情少一點。

歸根究柢，這是一種現代都市醞釀出的複雜迷離的情感狀態。如果妳對這場戀情抱著十分認真的態度，希望妳和他真實親密接觸前最好經過一次成熟認真的考慮，不然這段感情可能會讓妳窒息。如果妳本身就喜歡曖昧的感覺，那麼妳的網戀結果在現實中是正合妳心意的。當然，如果妳還年輕，請最好不要涉足其中，讓感覺停留在網路上就好。

D 戀人

這也許是網戀本身的目的，也是最好的結局。如果妳的測驗結果是這個選項，那麼恭喜妳了。妳可能真的在虛幻的網路世界中找到了一段現實中的愛情，這是可遇而不可求的緣分。

妳也許可以立即開始這段感情，妳的潛意識已經開始為妳的愛情高歌一曲了，妳應該會在不久的未來得到一個從網路上走出來的完美的他。如果妳只希望把美好留在網路上，雖然有點為妳可惜，但是無論如何都是一片美麗的風景，讓妳可以隨時駐足，隨時回味。

E 一夜情

他有可能正在透過網路走向妳，而妳的潛意識裡已經這麼想了。如果妳就是抱著這樣一種目的而網戀，那麼還是希望妳擁有一些正確的尺度和原則。

如果妳是用一種美好的心境進行網戀，那麼就讓美好永遠停留在網路上好了，因為一夜歡愉真的有可能令妳的美好記憶盡失，假設心態處理不妥，會給妳的人生造成不小的影響。所以，希望妳對妳的網戀抱著理智、謹慎的態度。無論如何，祝福妳。

F 並非是戀人

妳的潛意識已經透露出了如此的悲觀和執著，那麼妳的方向真的可能成為別人背後的女人。

妳對妳的網戀十分在乎，甚至快到了死心塌地的地步，但妳對你們現實中的前景卻充滿了悲觀的想像，於是妳準備用自己的一切來爭取。

希望妳在最後決定之前衡量一下妳的人生，如果還有爭取的價值，希望妳能為自己的命運奮力一搏；如果只是一場虛無飄渺的遊戲，希望妳好好考慮自己的付出是否值得。

總之，祝妳一切都好！

G 陌生人

也許這是網戀最瀟灑和常見的結局。其實在妳的潛意識裡並不是很在乎妳的網戀對象，而妳本人也是樂觀向上、凡事看得開的。所以一旦現實與想像嚴重不符，妳會把此事輕輕放下，去尋找另外一個羅密歐或者茱麗葉。

妳的處理方法雖然看似無情卻是很理智的，可能在網路時代的愛情就是這樣稍縱即逝吧。

Topic 57　妳的愛情轟轟烈烈嗎？

　　如果妳是一個感性的人，那麼妳的情感肯定是用感覺決定的；如果妳是一個理性的人，妳的愛情會是一汪池水，不起一絲漣漪。如果妳想知道自己的愛情是一汪池水，還是轟轟烈烈，就趕快進行下面的測試吧！

現在要妳計算30秒的時間，妳會用什麼方法？

(A)憑感覺

(B)手錶、時鐘

(C)用碼錶，一秒也不差

(D)請別人幫妳計算

(E)太麻煩了，不計算

超麻辣！大剖析 Answers

　　A　妳非常重視自己的感覺，看對眼了或來電了就一拍即合，墜入情網；若感覺不對，就算是死纏濫打也不能獲得妳一絲絲的理睬。

B 妳是一個凡事都講求一個「理」字的人，完全憑理性來處理事情。妳的決定經常是由理性的判斷得來，只不過跟妳在一起的人可能永遠體驗不到激情的滋味。

C 妳的本性精準得不得了，愛的時候就轟轟烈烈、死去活來，不愛了就分得乾乾淨淨，絕不拖泥帶水。

D 妳是一個被動不積極的人，「平淡是福」是妳一輩子走的路，沒什麼大的慾望，只要對方不令妳討厭，性格也不怪異，就能和他發展一段平穩的關係。

E 妳總有比愛情更重要的事要做，對男女之間的感情不太放在心上。妳把更多的精力放在了發展自己的人生道路上。

Topic 58 妳會因為感情誤事嗎？

　　陷入愛情中的熱戀情侶大腦會產生一些化學變化，會分泌出某種物質讓人產生幻覺和飄飄欲仙的感覺，所以很容易在談戀愛時發生誤事的情況。下面我們就來測試一下，看看妳因感情誤事的指數高或低吧。

若妳被誤以為是神經病被抓進療養院後，妳會怎麼辦？

(A) 教訓他們抓錯人

(B) 要求打電話給朋友來證明

(C) 按兵不動找機會求救

(D) 自救、偷偷逃跑

(E) 解釋自己是個正常人

超麻辣！大剖析 Answers

　　A 一談感情，妳會根據自己過去慘痛經驗用理智控制一切，感情誤事指數40%。這類型的人在行為反應上已經有防衛性的措施，妳會很理智地告訴自己不可以再重蹈覆轍。

B　一談感情就自虐，吃不下、睡不著，開車容易出車禍，感情誤事指數80%。這類型的人內心是很脆弱的，雖然頭腦一方面很理智，可是內心深處在遇到感情波折的處理上還是不夠成熟。

　　C　一談感情，就出錢、出力，一不小心人財兩失、荷包大出血，感情誤事指數55%。這類型的人在行為反應上、在內心深處有不服輸的個性，在談感情時希望好好地經營，用全副心力希望把感情維持好。

　　D　一談感情，妳反而會讓對方感情用事，為妳失控抓狂，感情誤事指數20%。這類型的人非常理性，感情也很成熟，知道怎樣去應對感情上的任何紛爭。

　　E　一談感情，就掏心、掏肺、拚命，把工作、家人晾在一邊，感情誤事指數99%。這類型的人行為反應上很容易真心換絕情，對愛太執著，很容易就付出太快。

愛情自私程度測試

在愛情中，誰都希望能找到一個關心自己、愛護自己、在乎自己的人，誰都希望自己能得到對方的真感情。雖然我們都希望自己能有這樣的愛人，可是並非所有人都是這樣做。測試看看自己到底是什麼樣的人，如果妳有些自私傾向，就馬上改正吧！

如果現在讓妳選擇從事藝術工作，妳會選擇什麼呢？

(A)作家

(B)攝影師

(C)雕刻家

(D)畫家

超麻辣！大剖析 Answers

A 自私指數40%

在愛情的戰場上，妳最在乎的不是對方的外貌，也不是金錢，妳最在乎的是有沒有得到對方的真心。妳討厭自私的人，所以妳推己及人，在愛情中妳是會為對方著想的人，只是技巧上多注意會更好，因為強迫對方接受妳自以為是的好意，從另一個角

度來說，不也是一種自私嗎？

B 自私指數15%

妳喜歡愛情中的互動感，只要妳愛的人給妳快樂，妳就會回報。妳在乎對方，也給予尊重，總是喜歡默默觀察對方的需求，例如戀人的喜好等等，再用特別的方式，在特別的時刻給予對方驚喜，讓戀人覺得很貼心。

C 自私指數75%

在愛情中，妳是個認真的人，總是採取主動，不甘於愛情被人操縱。妳用雙手去塑造妳想像中的愛情形態，戀人要能配合妳的想像，如果可以，兩人就能相安無事，妳也會是一個好戀人；如果有所差距，妳那不能掌握一切的不安感就會發作。

D 自私指數90%

妳是個以自我為中心的人，想做就做，想笑就笑，妳向來就是為自己而活，不想遵守社會所訂立的規範。戀人想要改變妳是不可能的事，因為妳向來我行我素；另一方面也可以說是自私，一意孤行的作風，讓對方覺得很辛苦。所以和妳談戀愛的人，的確是有點累。

Topic 60 妳在愛情中取得平衡嗎？

愛情的維護就是一個索取和付出的過程。我們不能做一個只會索取的人，也不能做只會付出的人，偏向任何一方，我們得到的愛情都不會是幸福的。測試一下，妳在愛情中能取得平衡嗎？

逛街時，妳遇見了一位自稱是所羅門國王轉世的人，他給了一個可以隨意惡搞他人而不被發現的機會，妳會怎麼惡搞身邊的人呢？

(A)偷偷將所有人的頭髮全都剃光。

(B)讓所有男生的衣褲全都變成透明無色的。

(C)讓所有人立刻消失回家。

(D)什麼也不想做，覺得無聊。

超麻辣！大剖析 Answers

A 　將別人的付出視為理所當然，妳完全屬於予取予求的類型。妳很可能從小被寵溺著長大，總認為別人為妳做事是理所當然的，這種自私的心理會讓妳成為不受歡迎的人。妳的戀愛性格是喜歡被異性包圍、寵愛和重視，即使自己已經有了男朋友，如

181

果別的異性不把自己看在眼裡，就會很不高興。妳對自己的男朋友也是非常任性，總認為「你為我付出是理所當然的」。

　　B　妳會「看人下菜」，是屬於索取型的人。但妳會因人而異，只有面對喜歡照顧他人的對象，才會提出比較無理的要求，如果對方也是個索取型的人，妳就會很聰明地不再去要求他了。

　　妳對戀人也很任性，但是面對自己真心喜愛的男人，妳會覺得「如果一味地要求對方付出，或許有一天他就會嫌棄我了」，於是，妳也會萌生出奉獻的念頭。

　　C　妳樂於奉獻，卻情緒多變。妳是比較有奉獻精神的人，妳喜歡幫助別人，周圍的人對妳也很有好感，但是妳的情緒有點多變，下一秒鐘就突然甩開對方，不理不睬。因此，學會控制情緒，會讓妳更可愛。

　　戀愛中，不需要強迫就會為對方付出的妳，是異性眼中很理想的伴侶。但這一類型也有很多人會在與對方熟悉之後，漸漸變得任性起來，雖然每個人多少會有這樣的傾向，但妳表現得特別極端。

　　D　不要讓妳的愛心氾濫。選擇什麼也不做的妳，是完全的

奉獻型。一見到陷入困境的人，妳就會不自覺地想為對方做點什麼，這種充滿愛心的做法是很值得提倡的，但有時對方一個人就可以解決的問題，妳就不要硬去插手了，難道妳不覺得太過熱心也會令他人反感嗎？

戀愛中，只要是戀人想做的事情，妳都會不遺餘力地給予支持，妳是那種把戀人看得比自己的夢想更重要的人。

但是，什麼事情都插手並不一定是好事，有時候只採取旁觀的態度也是必要的。

Topic 61　妳對愛情的期望

對於愛情，我們都懷有期望。有人對愛情的期望是坦白，有人的期望是夢想，有人的期望是自由，而有人的期望是奉獻……那麼，妳對愛情的期望是什麼呢？

吃完主餐後，最後上了一道美味的甜點，妳會選擇以下哪一種呢？

(A)蛋糕或其他糕餅

(B)奶昔

(C)布丁或果凍

(D)霜淇淋

超麻辣！大剖析 Answers

　　A　妳對戀人的期望是「真誠」，兩人能夠互相信賴，互相交換內心最隱密的想法。因為對妳來說，戀人不僅是濃情蜜意的對象，超越愛情的狹隘境界，兩人還要有一定程度的心靈和精神交流，那是妳所渴望的。但是，作為妳的戀人，知性和感性的成長程度，也一定要配合得上妳的腳步，不然這份以真誠和知性為

基礎的愛情，想要延續到天長地久，恐怕會很難。

B 妳對戀人的期望是「夢想」，只要對方是人生路程的績優股，具有雄厚的成功潛力，即使對方現在還沒有發跡，妳也願意賭一賭，投資兩人的現在，栽培夢想的共同未來，將對方的夢想當成妳的來經營。但如果對方的表現不如妳的期望，妳可能也會當場走人，尋找另一個值得投資的對象。因為本來聯繫你們之間的愛情是夢想，夢想要是幻滅了，愛情當然也就說拜拜了。

C 妳對戀人的期望是「自由」，除了雙方共有的愛情生活外，妳還希望你們能有各自的生活，分別擁有自我的空間和朋友圈，不能忍受對方老是盯著妳，想要參與妳的一舉一動，討厭兩人像麥芽糖情侶。所以，要是遇上占有慾強烈的戀人，兩人分道揚鑣是遲早的事情。

D 妳對戀人的期望是「奉獻」，凡事要以妳為優先，對妳無微不至地照顧著，妳在他心目中的排行是名列第一，因為妳不能忍受被排在次要的地位。不過妳總是期望對方付出所有，包括金錢或是其他，卻被動享受著他的慷慨，這種拿多給少的占便宜心態，要當心長期下來他也會爆發，鬧起愛情革命。

Topic 62 妳的愛情攻勢

在爭取愛情的時候，妳有怎樣的愛情攻勢並不是完全靠妳自己的感覺。做做下面的測試，了解一下自己吧！

當妳開車或騎車在路上時，最討厭遇到怎樣的駕駛人？

(A)不打方向燈，想轉彎就轉彎的人。

(B)用極慢的車速在快車道上慢慢前進的人。

(C)動不動就緊急煞車的人。

(D)猶豫不決，一下往左、一下往右的人。

超麻辣！大剖析 Answers

A　妳不喜歡讓人知道妳心中的想法，總是在暗中決定好一件事，然後偷偷進行。妳很低調，不會大張旗鼓。所以，當妳看上一個人，要對他展開攻勢時，採取的方式也比較溫和、細心，會讓人有一種貼心的感覺，因此很容易贏得對方的好感。

B　在自己的軌道上依自己的方法做事。妳是一個有衝勁的人，做事如此，談起戀愛也是大同小異。只要是妳喜歡的對象，

妳不會在乎外人的眼光，會憑自己的熱情去克服困難，取得對方的好感。對方會被妳追到手而沒嚇跑，多半是被妳的熱情感動。

　　C　妳屬於那種習慣按照禮儀規範、社會標準、常人眼光來行事的人。妳不敢冒險，對於轟轟烈烈、可歌可泣的愛情也是敬而遠之，認為那太傷神了，從沒想過要去嘗試。妳總是小心翼翼，不會做出奪人所愛的事情。因此妳的戀愛攻勢也比較保守，不會讓人感到吃驚。

　　D　妳很果斷，行事風格也很直爽。像拖拖拉拉、藕斷絲連最令妳受不了。相愛就在一起，不愛了就分開，對妳而言這是最簡單不過的方式了。在一段感情關係中，妳也很看得開，表現得比較豁達，既不會勉強自己，也不會為難對方。妳不是不重感情，只是喜歡真正志同道合的戀人而已。

妳的戀愛哲學

我們活在世上，都有自己的一套人生哲學，什麼事情該做，什麼事情不做，戀愛也一樣。

如果妳是一個職業小偷，受僱去竊取一份機密檔案，而且逃亡計畫也設想妥當，那麼妳會採取何種手法？

(A)買通警衛，假裝工作人員蒙混進去

(B)挾強大火力直接進去搶

(C)月黑風高的晚上，破壞保安系統潛入

(D)花兩天時間挖一個地道，直接進入保險室

超麻辣！大剖析 Answers

A 妳對於目前的戀愛感到彷徨不安，好像缺了點安全感，「既期待又怕受傷害」，不知道該大膽去愛，還是悄悄地走開。雖然妳的他條件並不差，妳總是沒辦法把心交給他，要得到妳完全的信任，他似乎還要再加把勁。

B 妳的戀愛哲學是「只要是我喜歡，有什麼不可以！」妳

不排斥條件比妳差的戀人或異國戀情，反正只要感覺對了，妳的
愛情就像麻辣火鍋一樣熱烈、大膽而奔放。

　　C　雖然妳的內心饑渴難耐，卻極力保持冷酷的外表。妳再
悶騷下去，當心得內傷。對付妳這種假道學的人，只能化被動為
主動，才能讓妳卸下面具。

　　D　妳的愛情不及格，只有幼稚園程度，時常表錯情而不自
知，又想太多而裹足不前，丘比特碰到妳也傷腦筋。

妳善於表達愛情嗎？

面對愛情，妳的表現如何呢？妳是甜到骨子裡的人，還是拘泥於形式的人？妳是一個根本不會表達愛的人，或者妳是一個傳情達意的高手？

試想一下如果妳和朋友去旅遊時，妳要替大家拍紀念合照，妳會選擇什麼場景呢？

(A) 把特產店的人拍進去

(B) 周圍的路人一起拍進去

(C) 將觀光地指示牌拍進去

(D) 風景清楚的拍進去

超麻辣！大剖析 Answers

　A　妳甜蜜情緒表現得太過分，稍微有太超過的傾向，具有向對方表達情緒的素質，但有時愛的表現太過火，甜蜜情緒太滿，反而被覺得囉唆。像太狂熱或過於自信的表現方法，會造成反效果，與其那樣，還不如想想用自然的方法來表現愛情的好。不要裝腔作勢，那對妳而言是很重要的。

B　妳太拘泥形式，反而無法傳達意思，對愛情只會表現既不華麗也沒有衝動的安全方式，同時因太注重形式，導致真正的本意無法傳達。大膽的愛情表現有時是必要的，尤其是妳的眼淚或相對明朗的言談都很有效果。注意火焰不要燒得太超過，要很高明地控制。

C　妳表現愛的方式還不是十分習慣，非常可惜，妳對愛情的表現，實在不怎麼樣。妳雖然很努力想表達妳的意思，但大多沒能如願。妳心中的情緒，如何以言語和態度來表達，在每天的生活中練習看看，對妳是很重要的。和男生、女生聊天，也要分別考慮以什麼樣的談話方式，才比較能讓人充分了解。

D　妳傳達愛情的能力很高明，是可以直接呈現自己的心而且明確表達的人。妳優雅的言談，以及在小處用心的表現方法，一定能贏得異性的心。也許妳天生就擁有愛的表達素質，所以不需要受迷惑或學別人，永遠照著自己的方式表現就可以了。

Topic 65 妳的戀愛等級有多高？

每個人都有不同的戀愛等級，等級低的人在戀愛時付出大於收穫，等級高的人在戀愛中魅力無限，更能充分享受戀愛的快樂。而妳的戀愛等級有多高呢？

當妳不小心吃到芥末壽司，嗆辣感瞬間衝腦時，妳的下意識動作會是什麼？

(A)喝茶或白開水

(B)什麼都不做，忍一下就好

(C)享受辛辣的感覺

(D)喝一大口可樂

(E)吃點別的菜緩和一下

超麻辣！大剖析 Answers

A 戀愛等級40分

執著的妳只會一味地付出，直到愛錯才覺醒。這種類型的人懂得包容對方，希望自己的默默付出可以感動對方，但如果沒找對適合的人，妳的感情路會很曲折。

B 戀愛等級80分

妳對感情拿得起放得下,絕不會為情所累。這種類型的人之前曾經為情所困,如今已經化繭成蝶,並認為自由自在地做回自己,感覺最好。

C 戀愛等級55分

騙死人不償命的妳,喜歡用甜言蜜語「膩死」對方。這種類型的人個性浪漫、單純,覺得談戀愛時雙方一定要能分享彼此的感覺。

D 戀愛等級99分

妳懂得展現自己的魅力,把對方迷得團團轉。這種類型的人具有孔雀型的特質,只要一有異性,就會展現出自己的強項,努力把對方迷倒。

E 戀愛等級20分

緊迫盯人的妳,逼得越緊,對方只會逃得越遠。這類型的人一旦愛上對方,就會付出全部的感情,不過這樣反而讓對方感覺壓力很大,而產生了想逃的念頭。

Topic 66 妳的單戀指數

單戀抑或暗戀是一種沒有回報的愛。暗戀者通常比較辛苦，除了要忍受對方不知道的戀情之外，還要默默忍受暗戀所帶來的種種痛苦。

在炎熱的夏季，不少人喜歡做一些冰涼的甜品來消暑。在享受甜品時，妳發現自己也有一套飲食習慣——

(A) 碗裡通常是料比湯多

(B) 不會特別選擇，但通常都是湯較多，料只是點綴

(C) 習慣精挑細選，通常只會選吃料

(D) 碗只會用來盛湯，料則會分開進食

(E) 從來只喝湯，不會吃下料

超麻辣！大剖析 Answers

A 當妳喜歡一個人時，寧願把他藏在自己的內心世界，因為通常妳單戀的對象都是一些成就超越自己甚多的人。例如，在求學時，妳會對高年級的學長甚至是老師特別心儀；進入社會工作後，妳通常會對身邊的前輩或老闆感興趣。

由於彼此的背景終究有一段距離，所以妳一開始便自知根本無法發展這段愛情，所以妳情願做個默默的欣賞者。既然如此，現在是時候，好好的想一下單戀與戀愛的分別，不要一而再、再而三地活在自己的憧憬當中。

B 從小到大，妳認為必須忠於自己的想法，妳覺得人並不能為別人的標準而活著。所以，希望得到的東西若沒有到手，妳必定大發脾氣，情緒變得極為波動。

在愛情方面，當妳喜歡一個人時，妳會變得不顧一切，例如，妳會不惜改變自己而遷就對方，拚命用長輩政策，甚至使用死纏爛打的方法，總之就是盡全力推銷自己。因此，說到單戀，對妳而言簡直是no way！不過，妳要知道任性與愛得灑脫很多時候僅有一線之隔，妳有仔細地想過妳的愛是因為個人的占有慾還是真的關心、需要對方？

C 與其說妳有單戀的癖好，不如直截了當地揭開妳有「花心蘿蔔」底子。在妳過去交往的經歷，總是煩惱著該選擇A男、B男或C男，所以妳開始對自己說，不如一直去單戀好了，免得節外生枝。可是，鴕鳥心態並不是解決問題的終極辦法，一個人應當不斷學會了解自己。愛情和友情之間，有時雖然會出現灰色地

帶，但界線總不會如此難劃清的。如果經常抱著得一想二的心態去愛，最終可能只是一張白卷。

D 性子急得要命的妳，做任何事，包括感情，也希望得到即時回報，所以在妳心目中根本不知單戀為何物。妳喜歡一個人時，也要立刻知道對方到底是否對自己有興趣。妳寧願爽快地吃一次閉門羹，總比痛苦地守候答案好。

對於愛情，妳可說是擁有不屈不撓的精神，每次告白失敗後，妳也可以迅速再穩住腳，重新投入另一項「挑戰」。妳的優點是不會在感情方面鑽牛角尖，明白感情是需要兩個人一起走下去的。

E 妳雖然極討厭單戀，但不知為何，這種情況好像不時發生在妳身上。很多時候妳看得上眼的人都已經是名花有主、心有所屬了，因此，妳唯有無奈地接受單戀的事實。縱然妳也曾想過，現代愛情大多相當脆弱，男未婚、女未嫁的話，也有權繼續爭取，但在最後關頭主宰妳理性邏輯思維的左腦還是驅使妳做出理性的決定，寧願再等下一次真正的戀愛機會來臨。

Topic 67 妳容易為情所困嗎？

戀愛的過程是美好的，可是如果因為某些原因，我們不得不終止一段感情，妳會如何反應呢？是陷入絕望，不再相信愛情，還是比較理智地面對失去的感情呢？

第一次約會，妳覺得下面哪個地方，有助於妳的愛情發展呢？

(A)百貨公司

(B)動物園

(C)電影院

(D)咖啡館

超麻辣！大剖析 Answers

A 妳知道感情是不能勉強的，如果兩人的緣分已盡，妳也能處之泰然，大方和對方說再見，並給予祝福。每一次戀愛，在妳看來都是一次修行，可以從中體會愛情的真諦和學習愛人的方式。對愛情有如此正面想法的妳，道行當然是很高的。

B　妳非常容易被愛情傷得很重，因為妳是個重感情的人，總是將全部的心思放在對方身上。當感情一生變，妳馬上會不知所措，頓失人生方向。妳不單是會為情所困，更會將自己鎖在門內，要療傷很久，才能慢慢復原。

C　愛情有時就像妳的狩獵遊戲，錯過了眼前的獵物，妳的眼角馬上就瞥見不遠處的新獵物，心境可以轉換得很快，戀愛對象也能換得又快又乾脆。妳不會把碰釘子這種事看得太嚴重，反正天下男人何其多，這就是妳的哲學。

D　妳很尊重對方的意見，可是如果愛情走到了盡頭，妳也會非常的不捨，時時刻刻還懷念著與戀人相關的一切記憶。即使經過一段時間後，生活漸漸恢復正常，其實在妳的內心深處，還是希望能有破鏡重圓的機會。

Topic

68 愛情會帶給妳什麼？

我們誰都無法預知自己正在經營的愛情會給我們帶來怎樣的改變。對待愛情，有的人會得到一份安全感，有的人會變得更成熟，有的人會在愛情裡盡情幻想……而妳是怎樣的人呢？愛情會帶給妳什麼呢？

一天晚上，妳和戀人攜手在海邊散步，你們輕聲細語地描述著將來種種美好的生活，心中感到甜蜜無比。這時天邊一輪明月，正靜靜地灑下溫柔的月光，妳暗自想著，如果有星星來搭配不是更美麗嗎？

那麼，妳會選哪一幅圖案來搭配月亮呢？

(A)滿天璀璨的小星星

(B)一顆明亮耀眼的大星星

(C)一顆瞬間飛逝的流星

超麻辣！大剖析
Answers

A 對愛情感到不安

妳會因戀人的言行舉止，而產生許多迷惑，妳不能肯定他是

否真心愛妳，也不知道愛情會延續多久，所以妳時常為了這個問題而煩惱不安，其實妳不必這麼懷疑對方，應該多給自己的愛情一點信心。

B 愛情使妳變得更成熟

明亮的大星星，象徵美好的自我。所以愛情會帶給妳活力和省思，使妳變得更成熟，對方也會因妳正面的改變，而更加愛妳！

C 愛情使妳充滿幻想

墜入情網的妳，就像飛到了美麗的天堂，一切都變得如此美好，妳會幻想妳和他是一對神仙眷侶，遠離凡塵，生活在無憂無慮的世界中。這種幻想，是多麼令人陶醉啊！

Topic

69 妳會遇到幾段戀情?

每個人一定都不想被人冠上花心或是淫蕩等等之類的封號。可是身為人類總是想得到異性的肯定,妳知道自己這輩子可能會遇到幾段戀情嗎?妳知道自己這輩子會遇到幾個愛妳的人?做個測驗,可以讓妳會心一笑!

如果妳有男朋友了,妳覺得下面哪件事會是妳最喜歡做的呢?

(A)一起到沙灘漫步

(B)一起逛街買東西

(C)一起到咖啡廳喝下午茶

(D)一起聊天或是看電影

超麻辣!大剖析
Answers

A 妳會遇到的戀情在兩次以下

妳是個很重情的人,也很珍惜目前雙方的感覺,所以妳不會主動背叛,若是順利美滿,這輩子可能就此相偕到老,廝守終身。只是死心眼的妳也最不能承受戀人的背叛,一旦對方對不起

妳,妳便有可能放縱自己,甚至可能因此輕生尋短。

B 妳會遇到的戀情可能連自己都數不清

妳很隨性,也喜歡結交不同的異性朋友,常常是看對眼就在一起,不順眼就分開,所以妳總是戀情不斷,卻幾乎沒有一段感情是真正讓妳有印象的。也許隨著年紀大了,或是婚姻的承諾與束縛,妳才可能收起那份放蕩不羈的輕狂歲月。

C 妳會遇到的戀情是三到五次

妳不習慣跟異性聊天談心,即使有了對象也是一樣,讓人捉摸不定妳的想法,對妳始終沒有安全感。所以一旦發生誤會,即便妳心裡再怎麼不願意,對方都可能因為妳總是不解釋原因而憤然離去。妳的戀情都很長,卻不容易妥善維持。

D 妳會遇到的戀情在五次

妳太習慣定義愛情,也喜歡對另一半頤指氣使,不肯真正用心去關心他的感受,唯有失去之後妳才可能恍然大悟,想要好好珍惜,對方卻不再給妳任何機會。有一次經驗學一次乖,一般來說大概五次,妳便知道如何拿捏異性的心理情緒。

Topic
70　何時妳會以身相許？

愛到深處自然情不自禁，跟戀人發生親密的關係也在情理當中。不過在打算以身相許之前妳可要好好思量一下，問問自己，妳對他、對自己，都有足夠的信心嗎？先做做下面的測試吧！

如果妳是即將產卵的母海龜，妳會將卵產在沙灘哪個地方呢？

(A) 人煙稀少的礁岩旁

(B) 觀察用的小屋旁

(C) 沙灘的中央

(D) 松樹底下

超麻辣！大剖析 Answers

A　妳不會因為想嘗試以前沒試過的熱烈戀情而放任自己，除非對方具有十足的誠心，讓妳覺得很放心。

B　妳十分注重自己的安全，懂得如何去判斷時下的趨勢與觀念，絕不會碰到具有危險性的戀情。所以在曖昧的關係發生之

前，妳都會做非常詳盡的考慮。

C 妳為了戀愛，什麼都肯犧牲，認為自己和對方無論精神或身體都應共有。妳會覺得為了愛情，自己應該付出一切，不過勸妳做決定前還是好好考慮一下吧！

D 妳有相當的自制能力及自我懲罰的傾向，認為性與愛是不可分開的。如果沒有把握的事情，妳肯定不會貿然行事。

Topic 71 妳有多少裸婚的勇氣？

「裸婚」意思是只領結婚證書，不辦婚禮、不擺婚宴、不拍婚紗照、不度蜜月的結婚方式。裸婚的原因通常是經濟基礎不夠，或是工作太忙沒有時間等等。

有人說，裸婚說到底是不負責任；也有人說，裸婚是一種追求愛情的勇氣。那麼，對妳而言，妳支持裸婚，還是反對呢？

如果有機會讓妳成為一個歌手，妳希望自己屬於下列哪一類型的歌手呢？

(A)清純型歌手

(B)搖滾型歌手

(C)實力派歌手

(D)創作型歌手

(E)性感型歌手

(F)偶像派歌手

超麻辣！大剖析 Answers

A 妳的夢想就是找個家，給自己平淡的生活和幸福的安全

感。儘管妳是一個外表開朗活潑的人，但是其實內心非常缺乏安全感，就算戀愛妳都會彷徨和搖擺很久。矛盾的妳，理性和感性時常糾結著，既想轟轟烈烈不顧一切裸婚，又為自己沒有根基的將來感到彷徨。

B　當妳投入愛海就會不顧一切付出，愛到極致的時候妳很有可能會選擇裸婚，體驗那種完全擁有的感覺。妳自由的渴望特別明顯，妳喜歡戀愛時那種互不束縛的感覺，喜歡戀愛時那種浪漫和甜蜜的感覺。當妳失去理智的時候會抱著「船到橋頭自然直」的豁達心態去裸婚。

C　對於結婚這種終身大事妳還是相當在意傳統的，妳不但不會選擇裸婚，還要求婚禮的一切必須全然禮儀化。守本分的妳總是在遵從長輩的安排，自然妳的感情也會像一般大眾一樣，從相識、相戀再到步入婚姻，然後隆重地向大家宣告妳的愛情。

D　妳是一個很現實、很理智的人，妳懂得結婚意味著什麼，房子、存款、收入、車子等等，這些不得不考慮的問題成為結婚的夢魘，妳絕對不會做一個一無所有的裸婚族。

所以在對方和自己有著良好事業基礎和鞏固的物質條件之

前，妳是不會考慮結婚的。

E 妳是一個缺乏安全感的人，對戀人充滿了期待與依賴，總想趕緊將心安頓下來，停止為愛尋覓、為情徘徊的日子。妳是一個很注重物質條件的人，有時候甚至會將此作為第一考慮，為了麵包，妳可能會選擇不適合自己的水晶鞋。

F 妳是一個敏感多情、充滿幻想的人。面對愛情，妳內心充滿了天真浪漫的美好想法，儘管妳的內心很嚮往愛情與婚姻，但妳又是一個極度缺乏安全感的人。面對愛情，妳會踟躕不前，考慮良久才敢下手；步入婚姻殿堂之前，不經過一番詳細的研究、評估與分析，妳絕不會輕舉妄動。

妳的愛情保鮮期

愛情有多遠？激情有多久？愛情也是有保鮮期的，只有精心的灌溉培育才不會讓愛情之花枯萎，才能築造一道愛情的風景。

妳經營一家專賣甜品的小店，因為口味特殊多樣，所以儘管已經開張五年多了，還是生意興隆。後來，隔壁巷子也開了一家甜品店，而且打的是低價策略，使得妳的生意大受影響，這時候妳會怎麼辦？

(A)以低價迎戰

(B)生意難做，決定轉行

(C)再觀察一陣子

(D)研發更多新口味

超麻辣！大剖析 Answers

A 妳的愛情保鮮期在兩年以上。妳是個追求安定的人，並且擁有強烈的責任感和非凡的毅力，一旦確立目標就不會輕易改變。對於敢愛敢恨的妳來說，一旦變心那也是因為他對妳不再有愛，在妳眼中，最好是戀愛談一談就可以結婚。妳談戀愛的倦怠

期大約是兩年甚至更長,細水長流就是妳對感情的詮釋!

B　妳的愛情保鮮期為三個月。妳很花心,天生不能靜下來的妳,凡事喜歡用直覺判斷,總在不停尋找新的愛情,好像唯有新鮮的戀情才能讓妳有追逐的動力。堅信自己的第六感,向來是一眼即定對方生死,對事物永遠保持三分鐘的熱度。

C　妳的愛情保鮮期為半年。妳是個聰明、能夠洞察人心的人,這也是妳能博得許多人喜愛的原因,彷彿是別人肚子裡的蛔蟲一樣。感情方面,由於妳敏感力很強,和對方交往一陣子後,就能看清對方的本性,無法忍受對方的缺點及不完美,最後只好說再見了。從認識、了解到倦怠,差不多只有半年。

D　妳的愛情保鮮期為一年左右。妳對人很和善、親切,即使是第一次見面的人,都會先和對方打招呼,讓別人備感溫馨。

感情方面,妳對愛情有很大的憧憬,把愛情想得很美、很甜蜜,只要一談起戀愛,總會把愛情美化了,但過了一段時間之後就逐漸冷卻、褪色。

Topic 73　妳適合婚前同居嗎？

　　有不少人成為男女朋友之後，常常決定試著同居。這樣除了可以培養感情，也可以互相照顧。只是，同居是一體兩面，它的確可以增進彼此感情，但也常常是噩夢的開始。想知道自己是否適合婚前同居？自己是不是一個謹慎處理感情的人？做個心理測驗，看看妳適合同居的指數有多高。

　　共有五題，請由第一題開始，將每一題所得的分數相加起來，再比對最後的結果。

(1)妳是否有單獨在外租屋的經驗？

　　(A)經常，已經好幾年了。　+4

　　(B)從來沒有，我都是住家裡，可以節省不少開銷。　+1

　　(C)有住過，不過後來不習慣，又搬回家裡住。　+2

　　(D)剛離開家，我正好想有一個自己的空間。　+3

(2)求學時，妳是否有在外工作的經驗？

　　(A)我一直都在嘗試各種打工機會，賺取生活所需。　+4

　　(B)當學生就專心念書，出社會之後再賺錢就行。　+2

　　(C)我大概只會做家教等工作，比較單純不會被騙。　+3

(D)我很不喜歡看臉色做事，未來傾向自己創業。 +1

(3)從小妳爸媽是否常吩咐妳要幫忙做家事？

(A)他們才不會這樣，幾乎都是他們在做。 +1

(B)只有過年大掃除等較忙的時候，才會要我幫忙。 +2

(C)會，不過太粗重的他們都自己來，不會讓我做。 +3

(D)他們幾乎把我當菲傭，我是他們親生的嗎？ +4

(4)妳本身有幾個兄弟姊妹？

(A)好多個，不過我排行老大。 +3

(B)好多個，不過我排在中間，並不突出。 +4

(C)好多個，不過我是老么。 +1

(D)沒有，我是獨生女。 +2

(5)覺得自己是一個很容易情緒失控的人？

(A)平常還好，但當我心情不好，很容易就胡思亂想。 +2

(B)我本身情緒控制力超差，動不動就亂發脾氣。 +1

(C)我的EQ還算不錯，幾乎都能夠維持理智。 +4

(D)我自認是個理智的人，不過有些人的行為實在差勁，

最好不要惹到我。 +3

超麻辣！大剖析 ——Answers

妳的獨立性不足，對他人的依賴性很高，所以除非妳找到一個可以無限包容妳的人，否則目前妳並不適合同居。雖說如此，但如果妳已經跟戀人同居或打算同居，妳還是可以學習讓自己獨立並讓自己成長。記得凡事別總是以自己的觀點來看事情，「己所不欲，勿施於人。」妳自己不喜歡就別要求對方接受，沒有人天生該是做牛做馬的命，除了接受也該學習付出，這樣雙方都能相處愉快。

9～12分 婚前同居指數50%

其實妳無法忍受生活價值觀或習慣跟妳差異甚大的伴侶，所以就這方面來說，妳也是屬於不適合同居的一群。有時候妳會受不了對方的習慣，而忍不住說他幾句，有一就有二，次數多了，小摩擦也會變成大傷痕，更可能成為讓彼此分開的導火線。

整體來說，有時候是妳太少與朋友互動相處，才會有這種結果，所以如果不是很差勁的壞習慣，多給彼此一點空間，最起碼妳可以來個眼不見為淨。

13～16分 婚前同居指數70%

雖然妳明白與人為善的道理，可是妳卻太習慣把話憋在心

裡，尤其是面對自己的戀人，更是一意孤行地認定對方一定都知道，如果對方沒照妳的意思去做，就索性耍賴甚至來個置之不理，直到對方改善為止，這樣的做法不管最後結果如何，對雙方都會是很大的傷害。如果對方根本不懂，那無疑是對牛彈琴，浪費時間。建議妳把話說出來，讓生活有溝通的管道，自然能和他長久生活下去。

17～20分　婚前同居指數90%

恭喜妳！妳的獨立性相當高，也見過不少世面，所以妳很適合婚前同居，跟妳在一起的人也會非常幸福。不過還是要提醒妳，別掉以輕心，生活之中該有的浪漫還是不可少，這樣才不會讓感情由濃轉淡，變成君子之交淡如水的窘境。面對戀人的不理智，也該多給對方學習成長的機會，而不是妳一味忍讓。感情是雙方的事，妳的縱容只會害了他，讓他無法儘快適應社會。

Topic 74　妳的戀愛心態健康嗎？

　　健康就是福氣，身體是否健康，妳自己會有明顯的感覺。但是妳的心理是不是健康，妳清楚嗎？如果妳覺得自己的戀愛不幸福，其中的原因不見得是性格不合，有的時候，只要轉變一下自己的戀愛心態就可以了。

　　當妳的戀人滿心歡喜地要求妳做一件妳可能做不到的事情時，妳會怎樣？

(A)一口答應，裝出一副很樂意的樣子

(B)稍微遲疑，但還是很高興的答應

(C)婉轉地回絕，請對方諒解

(D)一口回絕，表示做不到

超麻辣！大剖析 Answers

　　A　很明顯妳是個不敢坦白的人。當然不敢坦白的原因也許是太愛對方，怕對方生氣；也許是存心欺騙對方，假情假意也說不定，總之，選這答案的人都是在愛情心態上有問題的人。如果想要有健全完整的愛情，最好改掉這種不敢坦白的心態，否則妳

的愛情性格將永遠找不到真正的愛情和愛人。

B 屬於心思細密很會為對方著想的人。因為不想讓對方失望、傷心,而又不想讓對方有被欺騙的感覺,於是在腦中盤旋了一會兒,就會不惜一切地答應下來。一旦答應上來就會拚命地去完成任務,即使無法達成也會誠心地告訴對方自己已經盡了力。其實這種人肯為對方犧牲,可以說是最偉大的人,不過也是最辛苦的戀人。

C 很理性的戀愛者。既不會抱有太多的幻想也不會太現實功利,可以說是個有健康心態的愛情者。不過,就是少了點六親不認的浪漫,因為浪漫這種東西多少要有非理性的情意。

D 是個很現實的人。這種人不會做白日夢,當然不切實際的事妳也不會去做,尤其是有損自己利益的事,即使是面對心愛的人也會毫不留情地拒絕。或許這種人天生有什麼就說什麼,但是有可能太直率了,常常得罪人,甚至傷了戀人的心。所以跟這種人談戀愛,千萬記住不要有太多的幻想,更不要常常撒嬌,否則用熱臉去貼冷屁股,可是很划不來的。

愛情讓妳感到疲憊嗎？

所有愛情的開始都是甜甜蜜蜜的，但不是所有的愛情都有完滿的結局。愛情需要用心去營造，用心去維護。妳有沒有覺得妳的愛情總是以他為中心，妳已經失去自我了呢？妳愛他愛得辛苦嗎？一起來進行下面的測試吧！

(1)妳喜歡吃甜食？

　　不是→(3)

　　是的→(2)

(2)妳每天都喝咖啡或濃茶？

　　不是→(3)

　　是的→(4)

(3)他是過敏體質嗎？

　　不是→(5)

　　是的→(4)

(4)你們喜歡討論有關人文、哲學、人生的話題嗎？

　　不是→(7)

　　是的→(6)

(5)你們總是一起討論下次約會的行程？

不是→(7)

是的→(6)

(6)不論大小節日，你們都會互贈對方禮物嗎？

不是→(8)

是的→(7)

(7)每次約會結束後，他都會送妳到家門口？

不是→(8)

是的→(9)

(8)妳比較挑食？

不是→(11)

是的→(10)

(9)妳是個行動力很強的人？

不是→(11)

是的→(10)

(10)妳覺得女生還是把自己裝扮得可愛點好？

不是→(12)

是的→(11)

(11)你們之間經常為了小事爭執？

不是→(12)

是的→(13)

(12)現在妳依舊對每一次的見面都充滿期待？

　　不是→(13)

　　是的→(D)

(13)陪妳買衣服的時候，他會提出他的意見？

　　不是→(A)

　　是的→(14)

(14)妳會在做每件事的時候都考慮他的感受嗎？

　　不是→(B)

　　是的→(C)

超麻辣！大剖析 Answers

A 疲憊指數★★★

　　他有點大男子主義，有點強權，有點霸道，有點不夠體貼，有點不夠溫柔。妳是不是時常覺得委屈，為什麼他不知道妳為他做了什麼，為什麼他不願意陪妳逛街，為什麼他就不能偶爾為妳下個廚？愛面子是男人的天性，只不過他過頭了點，讓他知道妳對他的好，他不是傻子，會感激妳的。

B 疲憊指數★★

你們是外人眼中惹人羨慕的甜蜜一對，他總是很為妳著想，各方面都為妳設想到，對妳的照顧也無微不至，妳也知道他為妳付出了很多。正因如此，雖然你們甜蜜，卻依舊讓妳感覺到了壓力，如果覺得確實有些地方自己難以接受，不妨與他開門見山直接溝通，相信他也能夠理解。

C 疲憊指數★★★★

在這段感情中，妳已經相當的疲憊了，或許他對妳來說有種天生的吸引力，或許他身上的光環實在太耀眼，或許妳對自己實在太沒信心，妳總覺得不對他好他就會走，凡事遷就他讓妳不堪重負。請告訴自己，他沒那麼好，妳也沒那麼差。

D 疲憊指數★

這一顆星不是給妳而是給他的喔！只是你們之間雖然甜蜜卻不致遷就，彼此互相尊重，相敬如賓，妳和他在一起時能夠完全放鬆，彼此也能給對方一些重要的建議，所以即使他這方稍微有點遷就妳，也只是一顆星的程度，你們之間的關係相當不錯喔！

妳的感情奉獻程度

經營愛情是需要花費時間和精力的，保持愛情的甜蜜是講求付出而不求回報。妳的感情奉獻程度究竟有多高呢？做下面的測試，了解一下吧！

如果去花店買花，下列花朵中，妳最喜歡哪種？

(A)白色紗網圍繞的紅色花朵

(B)棕色紗網圍繞的紅色花朵

(C)白色紗網圍繞的橙色花朵

(D)棕色紗網圍繞的橙色花朵

超麻辣！大剖析 Answers

A 極為冷靜，個性獨特

妳抱持著「你終究是你，我終究是我」的思考方式，因此很難以犧牲自己來幫助他人，同時也忌諱他人過問或干涉妳的事情。妳厭倦互相約束，每件事情都會計算清楚，因此很難交到新朋友或異性朋友，即使和異性朋友往來也會因自己的冷漠而破裂。妳的自主性與獨立性很強，隨時可以憑自己的努力戰勝一切

困難，相反地，因為妳缺乏協助性與寬容性很少迎合他人，因此很有可能寂寞一生。

B　懂得協助與奉獻的人

妳的本性善良、仁慈，經常為了朋友或戀人做出奉獻，而且又在對方接受自己的奉獻與努力的同時感受莫大的喜悅。

妳的人生不僅僅是為了自己，妳為他人奉獻與犧牲的高貴情操，更有甚於偶爾忘記自己的存在而捨己為人，這樣也許會失去自我的價值，以致於失去人生意義。

C　天真浪漫，魅力無窮

妳為人誠實而純真，一向盡力為朋友或情侶付出努力，可是因為妳缺乏這方面的天分，而且方法不當，因此經常遭受失敗。

妳的這些失誤與失敗恰恰又具有突出本身魅力的神祕力量，不僅可以使妳的朋友或戀人感到幸福快樂，他們還會反過來為妳奉獻或給予妳更多的關心。

與其說妳是個為了他人獻身的奉獻者，不如說妳是為了贏得他人的奉獻與關懷及愛戴的幸運兒。

D　同時均衡地具備了理性與感性

妳的大腦非常靈活而發達，不僅可以自如地掌握對方言行，而且因為感性發達，還可以適當地為對方調節個人的慾望與希望，以讓對方滿意。

有時妳會發揮奉獻與犧牲精神，有時又會向對方尋求協助與照顧，為此妳可以保持均衡的言行使對方快樂。在愛情方面妳極賦天才。

Topic 77

妳該花多少時間陪戀人？

愛情的成與敗，都建立在時間的基礎之上。很難界定愛情的長度應該是多少，所以請在擁有愛情的時候，盡可能珍惜身邊的那個人吧！

(1)當妳沉浸在一件進行得不順利的事情時，妳很難說服自己休息一下再去重新思考？

是的→(5)

不是→(2)

(2)妳是快樂和悲傷都願意與身邊任何朋友分享的人嗎？

是的→(4)

不是→(3)

(3)妳不能接受跟自己最要好的朋友一起共事或工作？

是的→(5)

不是→(8)

(4)曾經假裝發錯簡訊，傳簡訊給暗戀的人搭訕？

是的→(6)

不是→(8)

(5)經常在看完電影之後，壓抑著心中的情緒，不讓自己哭

出來？

是的→(6)

不是→(7)

(6)經常對身邊的人說：「沒事，我很好」？

是的→(A)

不是→(8)

(7)在KTV唱歌的時候，偶爾會因為太過激動而忍不住流淚？

是的→(B)

不是→(8)

(8)坐公車的時候，目光總是停留在窗外的風景上，而不是車裡的人？

是的→(A)

不是→(C)

超麻辣！大剖析 Answers

A 陪伴時間：入睡之前

溫暖指數：★★★★★

每天妳都跟戀人嬉笑打鬧，卻很難有機會從精神層面去交談彼此的想法。當初熱戀時的精神共鳴已經多久沒有感受過了？愛

情這條路越走越久時，你們需要偶爾的心靈交流。在入睡之前，聊一聊不那麼實際的話題，比起一整天黏在一起更有吸引力。

B 陪伴時間：節日和週末

溫暖指數：★★★

生活很容易扯愛情的後腿，雙方在一天的忙碌之後，都不希望聽到家裡的嘮叨和使喚，這樣度日如年的時光需要得到改變。

珍惜並利用你們週末的時光吧！陪對方出門活動一下，趁此機會聊聊天，比起賺得大把鈔票回家，更能讓對方感受到互相吸引的魅力，這才是家的感覺，未來才不會那麼遙不可及。

C 陪伴時間：晚飯時分

溫暖指數：★★★★

妳跟很多年輕的情侶一樣，認為兩個人宅在沙發上無所事事地看著電視、放鬆身心就是最好的陪伴。而實際上，如果妳願意跟戀人一起燒飯、做家事，享受「過日子」帶來的幸福感，是最好的伴侶交流方式。偶爾的笨手笨腳，說不定能帶來意外的笑料，一起做家事，不經意間的打情罵俏，那種溫暖瞬間就能打動兩個人的美滿世界。

Topic 78　緣盡時妳會放手嗎？

(1) 妳投入一段感情的速度非常迅速？

　　是的→(2)

　　不是→(3)

(2) 談戀愛的時候妳更注重的是自己內心的感受？

　　是的→(3)

　　不是→(5)

(3) 妳是一個崇尚自由隨性的人？

　　是的→(4)

　　不是→(5)

(4) 妳內心相當缺乏安全感，生性多疑？

　　是的→(5)

　　不是→(6)

(5) 妳需要滿足強烈的控制慾來獲取安全？

　　是的→(7)

　　不是→(6)

(6) 妳有查過另一半手機、網路帳號的舉動？

　　是的→(7)

　　不是→(8)

(7)妳認為緣分天注定,不是付出多少努力就能得到同等回

報的?

是的→(D)

不是→(C)

(8)討厭面對複雜的人際關係,不喜歡操心太多?

是的→(A)

不是→(B)

超麻辣!大剖析
Answers

A 灑脫指數★★★★★

妳是一個非常灑脫的人,不喜歡被未知的情感與糾結的心情
捆綁住自己生活的節奏,倘若愛情帶給自己的已經不是幸福與歡
樂,而是無限的憂愁與傷害,妳往往會選擇放棄來成全彼此。妳
認為與其兩人在一起互相折磨,倒不如放手讓對方去尋找新的幸
福,緣來緣散本無常,又何必強求呢?

B 灑脫指數★★★

當感情遭遇危機,妳會選擇給自己期限嘗試挽回。如果在期
限範圍內讓愛重燃當然最好,倘若不能,妳便會在期限到達之時

果斷放手。妳認為與其堅持走一條看不到盡頭的路，也許換條路來走更為可靠。人生不是電影，無法倒帶，每天都是現場直播，又怎能將精力無限地浪費在緣盡的感情上呢？

C 灑脫指數★★

妳往往是感情中化解矛盾、選擇妥協的一方。當發現彼此間的問題，妳總是先要自己來遷就對方的需要，久而久之這種單方面付出似乎已經成為習慣。當感情不再的時候，對方想要脫離這段關係，妳卻仍舊難以放手，妳始終認為只要自己再退一步便會海闊天空，一切都會回復原來的狀態，殊不知妳一而再再而三的退讓已將自己逼到了懸崖邊，早已沒了退路。

D 灑脫指數★

妳是最拿不起放不下的人，內心總是有太多的得失心，常常陷入為過去悔恨的念頭中難以自拔。對於已經緣盡的感情，妳絕對不會就此撒手，成全彼此去尋找新的未來，妳會因此產生極端的心理。強迫對方繼續留在自己身邊，甚至可能傷害到對方，這種極端的心理不僅將愛情演變成徹底的傷害，也讓妳在愛人心中的身影越來越模糊，對方甚至會害怕見到妳，無論如何，極端的方式都是最不可取的。

Topic 79 他是愛情控制狂嗎?

　　妳有沒有過這樣的感覺,處於愛情中的妳發現他忽然變得更關心妳了,妳的一舉一動他都想知道,妳被他控制住了嗎?雖然有人說,那是甜蜜的捆綁,可是愛情也需要自由和空間。那麼,妳的他是愛情控制狂嗎?

(1)他覺得以下哪種狀況對男人的自信力影響最大?

　　禿頭,形象全沒了→(5)

　　口吃→(7)

(2)結婚典禮上,妳能接受對方把白金戒指充當結婚鑽戒為妳戴在手上嗎?

　　真的愛對方,我能接受,等以後有錢了再買→(8)

　　我不能接受→(16)

(3)一天,他一時氣急,跟戀人説了句狠話,他很後悔但是又礙於面子開不了口,他會如何收場呢?

　　如果她不給臺階下的話,就只好分了→(13)

　　既然她這麼不了解自己的個性,索性分了算了→(12)

(4)觀察一下他的身體,妳認為他身體的哪個部分最怕被別人搔癢呢?

全身都怕→(11)

腳底吧→(9)

(5)同事喝水的時候聽到了好笑的事,一不小心把水全噴在他的身上,他會怎麼辦?

不理會,自己默默擦掉→(6)

怒吼:「你給我擦!」→(13)

(6)他回家過年的時候,認為要為自己的父母買點禮物嗎?

要,好好孝敬父母→(4)

不要,這樣做父母不一定開心,反而會說浪費→(2)

(7)他會接受分手之後,對方又主動回來的感情嗎?

不接受,好馬不吃回頭草→(3)

看情況吧→(10)

(8)第一次在戀人家裡吃團圓飯,他很緊張,一點也不自在。當別人都開動的時候,他才會拿起筷子吃飯,那麼他會先從哪裡開始吃呢?

先吃幾口白飯→(15)

先從自己喜歡吃的菜開始→(16)

(9)假設婚禮即將開始,這時造型師推翻了他之前的建議,另外選了兩款新包包,下面兩個他會挑哪一個呢?

色彩豔麗、水晶裝飾的緊口包→(17)

絢麗銀色水鑽包→(18)

(10)他有一個友人，在他認識的人裡面半數人說他好，另一半人說他壞，他覺得這個人是個好人還是個壞人呢？

好人→(12)

壞人→(15)

(11)回顧一下妳的2012年，妳過得幸福嗎？

很幸福→(16)

不幸福→(17)

(12)一天，他在古玩商店找到了古代傳說中的武林祕笈，他翻開書看了一下，裡面有兩種功夫：凌波漫步和乾坤大挪移，他想先學哪一招呢？

凌波漫步→(14)

乾坤大挪移→(15)

(13)他認為人生中最大的樂趣是什麼？

做了一件超級正確的事情，受到別人的誇獎→(12)

跟朋友說憋在心中很久的真心話→(18)

(14)如果有一天永遠沒了太陽，他會怎麼樣？

歡呼雀躍，終於可以天天睡大覺了→(C)

閉眼等死吧，世界已經沒有希望了→(B)

(15)冬天很冷或者夏天很熱的時候，商店都會開空調，那麼

他進出時有隨手關門的習慣嗎？

有→(D)

沒有→(17)

(16)仔細觀察一下，他圍圍巾的方式是怎麼樣？

放在衣服裡面→(E)

很隨性地圍成一堆→(B)

(17)一天，妳突然有急事外出，妳來不及通知他，他打了很
多通電話給妳，都沒有找到妳，事後他會——

生妳的氣→(A)

忘記這件事→(C)

超麻辣！大剖析 Answers

A 他想要控制妳的人。他知道妳的心思藏得很深，當他以
為他已經完全征服妳這個人的時候，可能他連妳心的50%都不了
解。所以面對這個難題，他寧願退而求其次，控制不了妳的心，
控制妳的人也是可以的，他會盯妳盯得很緊喔。

B 他對愛情比較偏執，但是還沒有到控制狂的地步，也就
是說那些奇怪的不切實際的想法還處在他的大腦中，現在實現

他的想法還是有一定的距離。妳要做的就是在它們還沒有實現之前，將它們統統扼殺。

C 他是一個很隨意的人，是一個愛情自由主義者。他不想控制誰，也不想被誰控制。兩個人在一起，有愛情有感覺自然就會走在一起；一旦愛情消失了，勉強在一起，誰控制誰又有什麼意思呢？

D 他想要控制妳的心。現在的你們，彼此相親相愛、無憂無慮地生活著。假設有一天，你們迫於某種外在的壓力，不能彼此長相廝守下去，他得不到妳的人，他會想方設法讓妳把心永遠留在他這裡。

E 妳的人和妳的心他都想控制。他是一個控制慾很強的人，妳和他在一起，他想要妳的全部，三心二意或者心不在焉都不是妳的最佳選擇，這很可能意味著妳低估了他。在情場上低估了自己的對手可是一件很可怕的事情，妳會把自己陷入被動的局面，那就很難掌握整個大局了。

Topic 80　妳的戀愛智商有多高？

有人說，在愛情面前，我們的思想往往倒退了一個階段，也就是人們所說的戀愛智商過低。自己的戀愛智商到底有多高？是在小學、國中，還是高中階段呢？趕緊測一下吧！

如果妳是賣衣服的路邊攤販，碰到下雨天妳會怎麼辦？

(A) 乾脆休息一天

(B) 在家網拍

(C) 管他的，繼續賣，多少賺一些

超麻辣！大剖析 Answers

A　一談戀愛妳就變成10歲左右的幼稚小學生

一談戀愛就變幼稚的妳，腦袋只剩下天真與單純的想法，小心上當！這類型的人談了戀愛之後就換了一個腦袋，所有的想法、理性以及專業完全都忘光光，馬上就變成天真可愛的小學生，認為只要對方愛自己就好了，其餘一切都不重要。

B　一談戀愛妳就變成20歲出頭的大學生

談戀愛熱情如火的妳總是充滿鬥志，盡情享受戀愛滋味。這類型的人一旦愛了就沒辦法了，陷入愛情中什麼都忘得一乾二淨，恨不得把所有的時間、精神都給對方，只要對方一聲令下，拚了命也要完成。

C 一談戀愛妳就變得成熟穩重

務實又懂得記取教訓的妳，就算在熱戀中也會保持理性並規劃未來。若選定了對象也會多方面的考慮，對於感情的處理態度非常成熟，而且會很理性地分析以及面對兩人之間的問題。

超麻辣愛情筆記區

婚姻是任何在戀愛中的人都憧憬的未來。可是，又有人說，婚姻就像一座圍城，外面的人想進來，裡面的人想出去。那麼，妳未來的婚姻會是怎樣的呢？是讓妳享受愛情的甜蜜？還是讓妳對愛情失去了希望呢？

Topic 81　從膽量看妳的愛情結局

　　愛情是一種勇者至上的遊戲。妳是會封閉自己的人嗎？妳是過於主動的人嗎？太過主動的人能不能追求到自己的幸福呢？透過下面的測試，妳就知道妳的結局了。

高空跳傘很危險，但也很刺激，妳會去嘗試嗎？

(A)打死我都不去

(B)雖然很怕，卻硬著頭皮試試看

(C)既然有人敢做，我也做吧

(D)假裝有心臟病

超麻辣！大剖析 Answers

　　A　十足的理性，但對愛情容易封閉自己，很怕吃虧，一眼望去給人的印象是不太開朗，所以很可能在感情上遭到封殺。在此建議妳，有時候不要想太多，勇敢一點，妳會覺得事情沒有想像中來得恐怖。

　　B　勇於嘗試是妳的優點，因此妳只要喜歡一個人就會傳出

訊息讓他知道，明明他有女朋友，妳也不管。比較感情用事，使妳的情緒不太穩定，喜歡時很喜歡，一旦興趣減少了，妳可能半途而廢。所以既然喜歡他，也採取行動了，就不妨勇敢地努力下去，也許會有成果。

C 在感情上絕對坦白，也是愛情的常勝軍，但有時就是太有自信了，反而把一些男人嚇跑，所以偶爾試試欲擒故縱，或若即若離來吊他的胃口。

D 做什麼事總是要找藉口、愛面子，有時會害死妳的。在愛情上如果藉口太多，會使妳得不到戀人的信任，要小心！

Topic 82　妳晚年的婚姻會幸福嗎？

妳有沒有想過自己的晚年婚姻是怎樣的呢？是手牽手一起散步？還是坐在椅子上一起看夕陽？妳的晚年婚姻是比年輕的時候更幸福，還是會和老伴結束婚姻呢？

在妳眼前有一張祖父母合照的照片：祖母笑容滿面，而祖父卻表情嚴肅——祖父的手擺出什麼姿勢呢？

(A)直立不動，手部緊握

(B)手握著祖母

(C)手放在背後

(D)手放在前面

(E)手臂高舉揮動的姿勢

超麻辣！大剖析 Answers

A 妳在年輕的時候，對人生就抱持過分認真的態度。當然，對婚姻生活或自己的工作都有一定的理念，並循規蹈矩。

不過，由於過度堅持自己的理念，等上了年紀之後，往往會被認為是老頑固，這樣反而可以防止老年癡呆症的發生也說不

定。

B 妳上了年紀後，反而會比年輕時更具有魅力。在夫妻感情方面，雖然不可能保持年輕時那般如膠似漆，但會培養出另一種愛的表達方式，使彼此關係更為親密。

C 妳在年輕時喜歡成功的男性，而且會建立以丈夫為主的家庭。不過，這只限丈夫還在工作時，一等他退休後，下場將非常悲慘。不僅認為丈夫成天無所事事，而且會馬上厭倦目前的生活型態，這時就會產生「我的人生究竟是什麼」的疑問。

D 崇尚自然，想法也相當前衛，即使上了年紀，也不可能會是很拘謹的人。當然，在生活方面，不再像年少時那麼固執，而是像每天過著愉悅生活般，保持著積極的態度。

還有，在活動上希望能有老伴參與，所以會一起旅行，或培養共同的興趣，在外人的眼中，是一對有理想的老夫婦。

對妳而言，在年輕時由於個性奔放，夫妻之間偶爾會發生爭執。不過，隨著年齡的增長，反而成為一項優點，使老年的夫妻生活更增添活力。

E　妳比較會考慮到自己的生活，與其追求家庭中的小小幸福，還不如參與社會活動，讓自己活得有意義些。當然，如果丈夫也認同這種方式，那麼自己將能永遠保持年輕。

由於不願意承認自己是老人，所以寧願帶孫子出外遊玩，也不願困守在家中。這種個性，在家庭中反而會受到尊敬。

不過，雖然自己如此，但絕不可以強迫另一半也過同樣的生活，否則會發生問題。

Topic 83

妳會和愛人同甘共苦嗎？

結婚誓詞上，證婚人一般會問道：「妳願意永遠和他在一起嗎？不管是貧瘠與富有？」所有的人都會說，我願意。其實，這個承諾並不是所有的人都能做到的。

週末下午，妳突然覺得肚子有點餓，那妳最想要吃哪一種點心來解解饞？

(A)臭豆腐加泡菜

(B)蛋糕甜點

(C)乾糧餅乾

(D)泡麵

超麻辣！大剖析 Answers

A 即使不願意，妳都會基於責任與義務與他一起同甘共苦。這類型的人屬於「現代阿信」，雖然妳心裡會覺得自己為什麼要吃苦，吃苦會喪失很多的自由以及物質上的享受，可是另外一個聲音會告訴妳要好好地把責任扛起來，所以基於責任感以及道德的力量，妳最後還是會留下來吃苦。

B 可以一起過好日子，但是要吃苦會認真考慮值不值得。這類型的人有自己的想法，最重要的是妳不會隨便去愛一個人，一旦當妳認真的愛上，而對方剛好遇到低潮時，這時妳就會認真考慮對方的優缺點，然後決定自己要不要繼續跟對方吃苦下去。

C 可以一起吃苦，可是卻不能一起享福玩樂。這類型的人對愛情沒有安全感，所以妳會找一個讓自己覺得很有依靠的人。所以當兩個人一起吃苦的時候，妳會一起苦中作樂，甚至會覺得這讓兩個人的感情更堅貞，才是患難見真情，可是萬一另一半發達起來，反而會開始擔心。

D 只要愛上一個人妳就會不顧一切愛下去，無論他是富貴還是貧窮。這類型的人，罩門是愛情，只要認定對方是自己的最愛時，什麼事情只要對方開口都會願意做，即使沒開口也願意做，只希望讓對方更好，對方開心自己才會開心。

Topic 84 妳的男人會疼惜妳嗎？

對於女人來說，除了事業，感情也是她生命中非常重要的一部分。每個女人都希望嫁給一個疼愛自己的男人。可是，妳嫁的男人會是一個疼惜妳的人嗎？如果妳還不確定，就做個測試吧。

妳跌到一個洞穴裡面，快要死掉時，哪一種死法是妳最害怕的？

(A)被一堆黑寡婦蜘蛛咬死

(B)被好幾條大蟒蛇纏到窒息而死

(C)被十幾隻大老鼠一口口咬死

超麻辣！大剖析 Answers

A 男人偶爾會想疼惜妳。因為把吃苦當吃補的妳，什麼事都能夠自己吞忍下去，只有偶爾撒嬌的時候，男人才會想要疼惜妳。所以選擇這個答案的朋友，要常常變成小女人，妳的另一半才會想到要疼惜妳，否則的話妳太堅強了，另一半會覺得反正妳就是愛吃苦，就讓妳多吃一點也沒有關係！

245

B　男人不會想疼惜妳。因為個性堅強的妳，什麼事都一肩扛，能力比男人還要強，男人倒還希望妳能夠多疼惜他呢。其實這類型的人就是現在的女強人，那當然也不能怪妳，因為妳非常的專業，而且非常的聰明，妳的能力其實比任何人甚至男人都還要強十倍，因此妳做起事來是條理分明，做什麼事情都非常的清楚。所以另外一半其實有時候還希望妳能多開導他、多指導他，然後偶爾能夠疼惜他、哄哄他，給他自信心呢。

C　恭喜妳，妳的男人當然會想疼惜妳喔！因為越來越有女人味的妳，懂得讓自己更有魅力，男人現在看到妳都忍不住多疼惜妳一下。其實這類型的人，愛自己的女人是最美的，妳會讓自己永遠保持著光鮮亮麗，當然妳的另一半就會很不放心妳、很疼惜妳啦！

Topic 85

妳婚後會變成八婆嗎？

有人說結婚是女人的轉捩點，很多平時看起來很精明俐落的女人，婚後卻變得婆婆媽媽、七嘴八舌了，一下子就從花木蘭變成了傳說中的「八婆」，聽起來是不是很可怕？趕緊來測一測！

如果一定要讓妳用一種花來形容妳男朋友，妳會用什麼花來形容他呢？

(A)天堂鳥

(B)荷花

(C)菊花

(D)火鶴花

超麻辣！大剖析 Answers

A 選擇這個選項的人，妳倒是不會在婚後變成八婆，不過在很多人眼裡，妳比八婆更可怕！妳平時話不多，一旦說出口，一定是一針見血的經典言論，誰要被妳評論一句，那麼那一句很有可能成為對方終身難棄的話柄。建議妳得饒人處且饒人，不要太不給別人面子了。

B　選擇這個選項的人，在八卦方面妳是「思想的巨人，行動的弱者」，妳最多在老公面前嘮叨兩句，真的面對諸位婆婆媽媽開八卦大會的時候，妳一般只有聽的份，完全插不上嘴，甚至可能被八婆們認為妳有表達障礙。這樣其實也好，做人還是不要八卦的好。

C　選擇這個選項的人，基本上妳是一個愛好熱鬧的人，婚後的妳深得八婆們的歡心，不僅因為妳話多，能跟她們沒完沒了地嘰嘰喳喳，更因為妳很多時候能做個很好的聽眾，除了能和她們瞎扯，也能安靜地聆聽她們的八卦。總之，妳婚後不會太八婆，會根據情況選擇性地八卦。

D　選擇這個選項的人，婚後要小心喔！基本上，妳如果堅持認為自己一點也不八卦的話，這個世界上就沒有八婆了。妳就是喜歡打聽別人的事情，就是喜歡熱熱鬧鬧，口無遮攔地和人道八卦。小心說者無意聽者有心，別自己得罪了人都不知道。

妳在婚姻中的自我意識

對於處於戀愛階段的戀人來講，將來的婚姻狀態誰都說不清楚。妳和戀人步入婚姻殿堂後會是怎樣的相處狀態呢？你們的自我意識是不是太強烈，以致於不能好好地相處下去？

妳和戀人將出發去兩天一夜的旅行，在準備時，你們的行李是如何打包的呢？

(A)把兩個人的行李，隨便地裝入一個行李箱中

(B)個人的行李，各自放在自己的旅行箱中

(C)準備大型旅行箱，將兩個人的行李依序整齊裝入

超麻辣！大剖析 Answers

A 把行李放在同一個行李箱，卻沒有區分的混裝，這是最危險的典型，因為勢力範圍的意識十分薄弱，所以你們屬於熱得快，冷得也快，你們的關係要有被理想對象替代的心理準備。

B 你們屬於不想生孩子，而且夫妻兩人都有工作的「頂客族」。這種類型彼此的勢力範圍明確，但是會因為勢力範圍意

識強烈造成我行我素。「頂客族」聽起來好像很瀟灑，但這一類夫妻往往為了顧全工作而分居，因此不想讓婚姻生活成為彼此牽絆。而對結婚懷有羅曼蒂克浪漫夢想的人，那就要多花心思來培養兩人的共同興趣了。

C　你們互相重視對方的勢力範圍，共居一室卻具有協調的精神，可說是結婚的理想典範。將兩人的東西分別裝入大行李箱象徵著家庭，帶著象徵家庭的大行李箱的男性，會具備使女性感到一家之主的形象，所以當女性遇到這種男性，內心便會有和他廝守終身的念頭，這種男性結婚後，很會照顧妻子。

Topic 87　他能伴妳終身嗎？

步入婚姻後，妳以為自己有了一張長期的飯票，有了自己一輩子可以依靠的人。其實，沒有什麼東西是真正的永遠。女人不能把希望寄託在男人身上，因為他不見得會陪妳一輩子。想知道妳的他會陪妳一輩子嗎？做下面的測試看看吧。

當乘坐大眾交通工具時，妳的男友身邊有一陌生女子睡著了，她的頭倚在妳男友的肩上。在這種情況下，他的反應會如何？

(A) 不作聲並任由女子繼續將頭放在他肩上

(B) 用輕巧的動作避開那女子

(C) 拍醒或叫醒身旁的女子

(D) 起身走開

超麻辣！大剖析 Answers

A 一生一世，共度一生指數99%

他屬於極端保守、內向溫柔型，當夫妻間發生問題時，他會儘量遷就妳，除非妳先拋棄他，否則他大有可能跟妳一生一世。

B 白頭到老，共度一生指數90%

他是個好丈夫，無論做任何事，也不會令妳產生不安和尷尬。他還認為男主外女主內是自然定律，這樣負責任，有擔當，你們九成會白頭到老。

C 難以妥協，共度一生指數70%

如果選這個答案，他會是一個有原則的人，若發生問題時，他會有自己的處事方式，不易妥協。換言之，能夠同偕白首的機會最多有七成。

D 離妳而去，共度一生指數50%

他絕對是個自我中心型的男人，任何事也不會多做解釋，也不肯讓步。若對妳有不滿時，會即時離妳而去，所以將來至少有一半機會和妳分手。

女人的幸福投資學

人生視野系列 25

當妳能微笑走向世界，追尋幸福的時候，所有的艱辛和磨難非但無法將妳打倒，反而都將化作一塊塊讓妳能更加平穩前進的踏腳石。

當一個人能以微笑勇敢面對困難，命運最終也會還給他一抹微笑。

女人的幸福管理學

人生視野系列 26

在人生道路上，或許荊棘叢生，或許障礙重重，可是所有的一切都是可以戰勝的，關鍵在妳是否具備了戰勝它們的決心。

影響我們人生的絕不是環境，也不是遭遇，而是我們本身的性格，每個人的性格或多或少都存在著缺陷。

妳會發現幸福的感覺比璀璨的鑽石要明亮溫暖得多。表面的光鮮可以照亮別人的眼，但是溫暖自己的心才是更重要的。

女人的幸福無法賒帳

人生視野系列 27

納爾遜·曼德拉曾經說過：「保持低調並不會有功於世道。如果你擔心別人感到不安全而刻意抑制自己，那不會有任何好處。」他說得很對，妳應該盡情展現自己超凡出眾之處，樂於做一名展現自己魅力的女人。這是一門藝術，要掌握這門藝術，必須主動擺脫對自己的懷疑，認識到自己內在的天賦。

被嘲笑不可怕，可怕的是連自己都不知道

心靈典藏系列 06

不管你的處境如何，都要懷有一個美好的願望，不斷努力去改變自己。也許，你不能實現所有的夢想，但是，你的生活會因你的努力而變得更加美好，更加精彩。如果一個人沒有目標，就只能在人生的旅途上徘徊，永遠到不了想去的地方。

「我們會成為什麼樣的人，會有什麼樣的成就，就在於先做什麼樣的夢」有了夢想，制定出明確的目標，才能成為你想成為的人。

當我們擁有愈多，付出竟然愈少

心靈典藏系列 07

許多生活中的錯誤，都是由「理所當然」造成的。

不要對別人求全責備，要懷有感恩的心，感激別人對你提供的一切方便。想保持自己的幸福和喜悅，就必須與別人分享美麗，與大家共同培植幸福。

在別人有困難時伸出手拉他一把，也許是為自己的前途鋪平道路。

不管遇到什麼情況，先不要輕易的責怪別人。

唯一真正需要改變的，只有自己

心靈典藏系列 08

生命歷程往往像小河流一樣，想要跨越生命中的障礙，達成某種程度的突破，向理想中的目標邁進，需要有「放下自我」的勇氣，邁向未知的領域。

為了達成目的，有時我們要懂得變通，懂得順應潮流，才能找到一條生存之道。學會靈活跨越生命中的障礙是非常重要的。

謝謝您購買 ____超麻辣愛情心理測驗____ 這本書！

即日起，詳細填寫本卡各欄，對折免貼郵票寄回，我們每月將抽出一百名回函讀者寄出精美禮物，並享有生日當月購書優惠！

想知道更多更即時的消息，歡迎加入"永續圖書粉絲團"

您也可以利用以下傳真或是掃描圖檔寄回本公司信箱，謝謝。

傳真電話：（02）8647-3660　　　　　　　信箱：yungjiuh@ms45.hinet.net

◎ 姓名：　　　　　　　　　　　□男 □女　　　□單身 □已婚

◎ 生日：　　　　　　　　　　　□非會員　　　□已是會員

◎ E-Mail：　　　　　　　　電話：（　）

◎ 地址：

◎ 學歷：□高中及以下　□專科或大學　□研究所以上　□其他

◎ 職業：□學生　□資訊　□製造　□行銷　□服務　□金融

　　　　□傳播　□公教　□軍警　□自由　□家管　□其他

◎ 您購買此書的原因：□書名　□作者　□內容　□封面　□其他

◎ 您購買此書地點：　　　　　　　　　金額：

◎ 建議改進：□內容　□封面　□版面設計　□其他

　　您的建議：